現代中国地域研究叢書── 18
National Institutes for the Humanities
Contemporary Chinese Area Studies

中国の大国外交への道のり

国際機関への対応をめぐって

吉川純恵
Sumie Yoshikawa

keiso shobo

「現代中国地域研究叢書」刊行にあたって

　21 世紀に入った今日，中国の巨大な変貌はなお現在進行形である。2000 年に GDP 1 兆ドルを超えた中国が，その 10 年後何と 6 兆ドル近くにも膨れ，世界第 2 位の経済大国に躍り出た。しかし，勢いはそれに止まらず，世界的に著名な経済学者・胡鞍鋼氏は 2011 年の『瞭望』第 1 号で，「中国は如何にして米国に追いつき，追い越すのか」と題する論文を掲載し，2020 年には GDP で米国を抜くという強気の見通しを発表した。

　海外からの直接投資は依然高水準をキープし，内陸部を中心に高速鉄道や高速道路，空輸など流通インフラの整備も急ピッチで進み，「世界の工場」としてのプレゼンスはさらに増大傾向にある。しかも，2008 年夏のリーマン・ショックに端を発した世界金融危機以降，経済低迷が続く先進各国を尻目に，中国は着実に「世界の市場」としての実績をもあげるようになってきた。世界の超大国に君臨してきた米国も，低迷する経済に直面し人民元切り上げ，大幅貿易赤字の改善など中国との貿易不均衡是正を柱にせざるを得なくなっている。国内でも賛否の声はあるものの，中国は，上記の胡鞍鋼論文の「米国に追いつく」という大戦略を現実的に着実に志向し始めているかのように見える。

　また中国イニシアティブの「地域統合」も漸進的に進んでいる。2010 年の ASEAN ＋中国の FTA の実効に続き，2011 年には中国・台湾の ECFA（実質的な中台 FTA）が実効に移された。あるいはロシアをはじめ中央アジア諸国，いわゆる上海協力機構（SCO）との経済連携も進展する気配にある。とくにエネルギー資源に関しては戦略的な重要性が高い。あるいは幾つかの国との間で人民元決済が進んでいるが，もしこうした人民元決済が国際的に広まっていくとするなら，中国を軸とした地域統合，いわゆる「人民元圏」の形成という話も将来現実味を帯びてくる。

中国の大国化は言うまでもなく経済に限られたことではない。軍事力の増強も極めて急ピッチで進んでいる。1990年より2009年まで公表の軍事費だけでも前年比連続二桁台と信じられないほどの大幅増を続けてきた。これによって，ハイテク兵器・大量破壊兵器，長短距離ミサイルの拡充などに加え，原子力潜水艦の配備，航空母艦の建造など海軍力も飛躍的に増強されてきた。今や軍事力も米国に次ぐ世界第2位との評価がなされるようになっている。

それに伴い，2009年の初め頃から，中国外交は重要な変化を見せるようになってきた。具体的には，それまでの外交の基本姿勢はかつて冷戦崩壊直後に鄧小平が発した「韜光養晦」（目立つ行動を控え，力を醸成せよ）路線であった。しかし，今や「積極的に打って出る」（積極有所作為）外交路線に転じた。

しかしこうした「大国化現象」と並行して，経済・政治・社会・外交など各方面での摩擦・矛盾も拡大し深刻化している。経済的な貧富の格差，環境破壊，大気・水・土壌汚染の増大は，腐敗・汚職，抗議の声の圧殺などと絡み，今やそれ自体の問題であると同時に，政治・社会・教育上の不平等・不公正や秩序の不安定化に拍車をかけている。高速鉄道や地下鉄の大惨事も急成長のひずみである。抵抗作家・劉暁波のノーベル平和賞受賞をめぐる中国当局の介入圧力などが，国際社会からの痛烈な批判を呼び起こした。あるいは，南シナ海における東南アジア周辺諸国との摩擦，東シナ海における日本・韓国との摩擦などが顕在化してきた。しかし，それでも中国のプレゼンスは増大し，中国を抜きにして「世界の未来」は語れなくなっている。

では以上のようなダイナミックに変貌する中国をどのように理解すればよいのだろうか。まず，各専門領域での個別の問題について，しっかりした分析方法と詳細な資料・データの下に冷静で客観的な分析による判断が重要である。同時にこれらの個別研究を踏まえながら，それらをつなぎ合わせ，あるいは歴史学や文化人類学など別の角度からのアプローチを含めたトータルな中国を描き出していく必要がある。さらには，米国・日本・インド・欧州・アジア・アフリカといった他国・他地域との関係，国際社会における中国の存在や役割を

めぐる分析なども求められるところである。

　これらの研究をすべて個人的に試みることは疑いなく不可能である。しかも「現代」を扱う研究ということは，大量の情報の取得や組織的な本格的な調査も必要としている。したがって，それらを踏まえたしっかりとした調査・分析による研究を進めるには，それなりの研究意欲が高く，調査・資料収集に熱心な比較的若い世代の本格的な人材育成が不可欠になる。研究とは，本人の知的関心・好奇心，鋭い問題意識を前提とすることは言うまでもない。が，さらには本人の強い忍耐力，それをサポートする優れた研究環境が必要となってくる。

　大学共同利用機関法人・人間文化研究機構（NIHU）現代中国地域研究拠点形成プログラムの重要な活動の１つは，まさにこうした人材育成にある。われわれの世代が，先の世代の研究者，先生方に育てられたように，いな上記のような中国を取り巻く状況を鑑みればそれ以上に，次世代の人材を育てていく使命を背負わされていると言って過言ではない。しかしこれまでのところ，われわれの世代がそうした使命に十分に応えられていたかどうか，率直なところ私には胸を張れる自信はない。

　本叢書刊行の意図は，まさに次世代の現代中国研究者育成の一環である。学術的な出版事情の厳しい中，われわれは優れた資質を持つ次世代研究者たちの支援に可能な限り本腰を入れて取り組まなければならない。もちろん，こうした試みに対して次世代研究者達も自らを奮い立たせ，苦しい研究環境にも立ち向かい，より優れた研究者になるべく切磋琢磨してほしいと願う。

　こうした相乗効果を生み出すことができることを強く希望しながら，本叢書の刊行を継続し発展させ，優れた現代中国研究者がこうした活動の中で輩出されることを強く希望する。

　2011 年秋

NIHU 現代中国地域研究

早稲田大学幹事拠点代表

天児　慧

目　　次

「現代中国地域研究叢書」刊行にあたって　　天児　慧

序　章　大国化する中国の外交をどう見るか……………………3

1. 研究の背景と問い　3
2. 先行研究の検討　5
 2.1　中国の国際機関外交　5
 2.2　大国化した中国の外交　14
 2.3　中国の対外政策決定に関わるアクターの多元化　17
3. 研究枠組みと仮説の提示　21
4. 本研究の独自性と意義　24
5. 研究方法と資料　26
6. 本書の構成　28

第1章　大国化がもたらした中国外交と中国国内の変化………31

1. はじめに　31
2. 中国の大国化　31
3. 大国化した中国の外交の変化　36
 3.1　低姿勢から積極姿勢へ　36
 3.2　国際秩序への中国の対応の変遷　40
4. 対外政策の決定に関わるアクターの多元化　44

第2章　中国の国連PKOへの積極参加…………………………51

1. はじめに　51

2. 1999 年以前の国連 PKO に対する消極姿勢　53

　2.1　1995 年以前の消極的関与　53

　2.2　ユーゴスラビア紛争をめぐる欧米との対立　57

3. 2000 年以降の積極的関与への転換　60

　3.1　投票行動　60

　3.2　要員派遣数と予算分担率の増加　63

　3.3　要員の大量派遣と国内制度の整備　66

　3.4　台湾問題　68

4. 政策転換の要因の探求　71

　4.1　国際紛争解決における国連の権威維持　71

　4.2　「責任ある大国」としての貢献　73

　4.3　国内の合意形成　77

5. おわりに　79

第3章　中国の世界貿易機関（WTO）のルール遵守状況と　発言力向上への取り組み …………………………81

1. はじめに　81

2. 非市場経済国・中国の WTO 加盟　85

3. 中国の WTO ルールの遵守状況　88

　3.1　総論：透明性，法治行政　89

　3.2　貿易関連制度，市場アクセスの改善　90

4. 中国をめぐる WTO 紛争の増加　92

　4.1　加盟から 2006 年頃まで：WTO ルールの「学習」　92

　4.2　2007 年以降：単独提訴へ　94

5. 新たな国際貿易ルール作りへの中国の取り組み　99

　5.1　ドーハ・ラウンドにおける交渉スタイルの変化　99

　5.2　発言力獲得へ　102

6. 対応変化の要因分析　104

目　次　　vii

7．おわりに　107

第4章　中国の国際人権条約，国連人権理事会，国際労働機関への対応変化 ……………………………………………………109

1．はじめに　109

2．中国にとっての人権：自由権か社会権か　111

  2.1　欧米の自由権と中国の社会権（生存権）　111

  2.2　国際人権条約の自由権と社会権の中国の批准状況　114

3．中国の人権をめぐる国連人権理事会での攻防　116

  3.1　国連人権委員会（2006年以前）　116

  3.2　国連人権理事会（2006年以降）　118

4．中国と国際労働機関（ILO）　121

  4.1　中国のILO加盟と国内の労働立法　121

  4.2　ILO中核的労働基準と中国　123

5．おわりに　129

第5章　大国・中国の新たな外交 ……………………………………133
──「海のシルクロード」構想と地方政府──

1．はじめに　133

2．「一帯一路」構想発表の背景　135

3．アジアインフラ投資銀行（AIIB）の設立　137

4．中国の海洋政策の変遷　142

5．海洋政策の決定と地方政府：広東省を事例に　144

6．おわりに　148

終　章　中国の大国外交への道のり …………………………………151

1．中国の国際機関外交の変遷　151

2．大国外交の展開　159

2.1　大国化した中国の新たな外交　159

2.2　アクターの多元化が中国外交に及ぼす影響　160

3.　大国化した中国にいかに向き合うか　162

主要参考文献 ……………………………………………………………167

あとがき ……………………………………………………………………183

初出一覧 ……………………………………………………………………186

人名索引 ……………………………………………………………………187

事項索引 ……………………………………………………………………189

図表目次

図 0-1　中国と国際機関の先行研究の概念図 ……………………………………6
図 0-2　本研究の分析枠組み ………………………………………………………24

表 1-1　中国と日本，アメリカ，BRICs の国際機関への加盟数……………………41

表 2-1　中国の国連 PKO 新設決議の投票行動と要員派遣（1999 年 10 月～
　　　　2012 年 12 月）………………………………………………………………61
図 2-1　安保理常任理事国の国連 PKO 要員の派遣数（2000～2015 年）……………64
表 2-2　国連 PKO 予算分担率の推移 ………………………………………………64
図 2-2　中国の国連 PKO 要員の派遣数（1990～2015 年）…………………………67
表 2-3　『中国外交』における「責任」，「責任ある大国」と国連 PKO ……………75

表 3-1　中国の WTO 加盟までの主な経緯 …………………………………………86
表 3-2　中国の WTO 加盟文書の概要 ………………………………………………89
表 3-3　中国の紛争案件の推移（2002 年～2016 年 11 月末）………………………95
表 3-4　各国の紛争解決手続き活用状況 ……………………………………………95
表 3-5　中国の申立による紛争案件（2002～2016 年）　全 13 件 …………………96
表 3-6　中国被申立案件（2002～2016 年）　全 37 件 ………………………………97
表 3-7　WTO 予算の分担率の推移 …………………………………………………103
表 3-8　WTO 事務局の職員数 ………………………………………………………104

表 4-1　中国の主要な国際人権条約の署名，批准状況 ……………………………115
表 4-2　ILO の中核的労働基準と中国の批准状況 …………………………………122
表 4-3　ILO の中核的労働基準と中国の一致 ………………………………………129

表 5-1　中国が主導する新たな国際金融機関 ………………………………………141

中国の大国外交への道のり
―― 国際機関への対応をめぐって ――

序　章　大国化する中国の外交をどう見るか

1. 研究の背景と問い

　既存の大国と新興の大国との間で対立が激化し，パワー・バランスが変化するときに，国際秩序は挑戦を受けると言われる[1]。冷戦後の国際秩序は，第二次世界大戦後にアメリカを中心とする欧米諸国が作り上げたものが基礎となっており，同盟や安全保障上のパートナーシップ，貿易・金融の制度，多様な国際機関のネットワークによって高度に制度化されている。そして国際機関の多くは国際秩序を維持する装置として，アメリカの長期戦略目標である民主主義と市場主義を世界に広める役割も担ってきた[2]。しかし，2000 年代以降，中国

---

[1]　国際秩序（international order）の定義としては，ブルの定義が多く引かれている。「国際秩序とは，主権国家からなる社会，あるいは国際社会の主要な基本的目標を維持する活動様式のことを指す」。ヘドリー・ブル，臼杵英一訳『国際社会論：アナーキカル・ソサイエティ』岩波書店，2000 年，9 頁。すなわち国際秩序は，主権国家間関係における，それぞれの国家の行動準則（ルール）であり，国際機関が定めるルールもその一つと言える。

[2]　国際機関（international organizations）は，通常 2 つ以上の国家が締結した条約により設立された常設の組織を指す。国際機構，国際組織と同義であり，政府間国際機構（intergovernmental organizations; IGO）」とも言う。民間による非政府間国際機関（international non-governmental organizations; INGO）は除かれる。国際機関の加盟国は，国際機関のルールを遵守することが求められ，遵守できない場合は制裁措置や罰則が課されることが多い。木下淑恵「国際機関」『政治学事典』弘文堂，2000 年，341 頁。なお，本研究は国際機関の用語を用いるが，より広い概念として「国際レジーム」の用語も他の研究では使われている。国際レジームは，「国際関係における特定の領域において，行為主体の期待が収斂するような明示的もしくは暗黙的な原則，規範，規則および政策決定手続きのセット」を指す。Stephen D. Krasner, *International Regimes*, Cornell University Press, 1983, p. 2. 山本吉宣『国際レジームとガバナンス』有斐閣，2008 年，34-35 頁。

やインドなどの新興国が台頭してきたことで，アメリカ主導の国際秩序は不安定化し，国際機関は運営方法などの改革を迫られるようになっている。

中国はこれまで数多くの国際機関に参加してきたが，1990年代までは途上国の一つに過ぎなかったため，国際機関における発言力や影響力は大きくなかった。中国は2000年代に急速な経済成長を続け，2010年には世界第二の経済大国となった。中国は経済大国となるに従い，国際機関における影響力も拡大し，既存のルールや運営方法を変えうる存在となりつつある。すなわち，中国の「大国化」である。

新興国のなかでも，中国の大国化は国際秩序，国際機関に与えるインパクトが大きいため，これまで多くの研究者がさまざまな論考を行ってきた。リアリズムの立場に立つ学者は，大国化する中国は安全保障面で強硬になる，との議論を行ってきた。実際に，2010年頃から中国は南シナ海など海洋へ積極的に進出しており，国際社会での対中警戒論は高まっている。

しかし，大国化しているからといって，中国は常に対外的に強硬姿勢をとるわけではないだろう。国際機関に対しても，大国化しても中国は協調姿勢をとって運営や議論に建設的に取り組むこともあるだろう。実際，中国は国連PKOへの人的，財政的貢献を増やしており，こうした中国の対応は，大国化した中国の外交は強硬化するというリアリズムの考え方では説明が難しい。そこで本研究は以下の問題意識のもとで，中国の国際機関外交を考察したい。

中国の国際機関外交はなぜ，どのように変化したのか。具体的には，中国の大国化により，国際機関外交はどのように変化したのか。また，国内社会が多元化し，対外政策決定に関わるアクターも多元化している今日の中国において，中国の対外政策決定の構造の変化は国際機関外交，中国外交にどのような変化をもたらしているのか。

ここで，大国化という語について少し説明しておきたい。国際政治において19世紀や20世紀の大国は軍事力や経済力の大きさが重視されていたが，今日の大国には総合的なパワーが求められるようになっている。なかでも大国は，文化的な影響力や規範力といったいわゆる「ソフトパワー」を備えている必要

がある[3]。本研究では，大国とは軍事力，経済力，そしてソフトパワーの3点を備えた国家であり，大国化とは上記3点を備えるようになる過程である，と定義する。中国は，経済大国，軍事大国となっており，ソフトパワーの面でも大国となる過程にある国と捉え，大国化の用語を使用する。

　中国の大国化によって，中国外交にもさまざまな変化があらわれている。中国外交は2000年代後半には，それまでの低姿勢から積極的に主張するという姿勢に徐々に変わっているようだ。また，中国は「自国の利益」とする範囲を拡張してとらえるようになり，なかでも海洋権益を求めて実際に行動を起こし，海洋進出を繰り返すようになっている。このような中国外交の変化が国際機関外交でも観察できるのか，大国化することで中国の対外政策決定者の国際機関における目標が変わり，その結果として国際機関への対応が変わるのかを，事例研究を通して検討する[4]。

　中国で改革開放政策が実施されて35年以上が経ち，中国は世界第2の経済大国となった。中国の大国化は，中国国内にもさまざまな変化をもたらし，経済権益を主張する多様なアクターが，国家の対外政策にも関わるようになっているようだ。本研究は，大国化する中国の対外政策決定過程の解明に努めることで，対外政策決定における特徴が中国外交，そして国際機関外交の方向性に与えてきた影響を考察したい。

2. 先行研究の検討

2.1 中国の国際機関外交

　本節では，中国の国際機関外交をめぐる先行研究を整理しよう。これまで中国の国際機関に対する対外政策をめぐっては，国際機関のもとで各国を組織化

---

3)　第1章第2節で詳述する。

4)　日本においては「foreing policy」の訳語に「対外政策」と「外交政策」が使われている。佐藤英夫によると「外交政策はどちらかというと，伝統的な安全保障もしくは高次元の政治のほうに重点が置かれ，対外政策はより中立的な意味合いを持っている」という。本研究は中国の対外行動に焦点を当てていることから「対外政策」の用語を用いる。佐藤英夫『対外政策』東京大学出版会，1989年，6頁。

図 0-1　中国と国際機関の先行研究の概念図

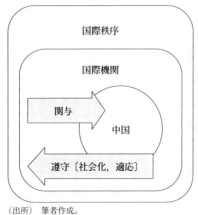

(出所)　筆者作成。

し，共通のルールを設けることで国家の考えや行動が変わり国家間の協調を促進できると考える，制度的リベラリズム (International institutionalism) の立場から多くの研究が行われてきた。これらの研究は，中国が国際ルールを受け入れるプロセスと要因に着目しており，中国が国際ルールを受け入れる「遵守」，そして遵守の要因分析としての「関与」，「社会化」，「適応」の視角から，中国の国際機関における「受動的」な行動を論じている。以下でそれぞれみていこう。

遵守 (Compliance)

　遵守とは，決められたルールに従って，それを守ることをいう。換言すると，ある国家が国際法や国際機関のルールなどにしたがい，それを守ろうとすることを指す。遵守論は，国際ルールが遵守される場合あるいは遵守されない場合の要因を説明することを目的に，これまで国際関係学と国際法学の分野で研究が行われてきた[5]。中国と国際機関の関係について，遵守の視角から研究を行うものに，以下がある。

---

5) 内記香子「遵守研究の展開：『国際法の遵守』への国際関係論からのアプローチ」『国際法外交雑誌』109巻1号, 2010年5月, 82頁。

2. 先行研究の検討　　　　7

　アン・ケント（Ann Kent）は，人権領域の国際機関の概念，ルールの中国の受け入れ状況を，遵守論から論じた。遵守を，アクセス，手続き，現実の遵守状況，国内法制度における実施・施行状況，国内における実施という5つのレベルから測定した。人権領域の国連機関において，中国は1971年から1979年は不遵守，1979年から1989年は自発的に国際レジームに参加，1989年の天安門事件後から1998年は適応という態度をとっていた。中国の人権政策は，国際機関などの外部の圧力よりも国内状況に敏感であるため，今後も人権領域の国際機関のルール受け入れへの姿勢は不透明である。

　しかし，国連人権理事会などの国連機関は，中国に対し規範や国際ルールの遵守を働きかける努力が必要である，としている[6]。

　ジェラルド・チャン（Gerald Chan）は，中国の国際事務に対する責任の履行，および国際ルールの遵守状況を検証した。貿易，軍備と核不拡散，環境保護，人権の4分野における中国の行動を事例に取り上げ，貿易ではB＋（良い），軍縮ではB（満足），環境保護はC（良くない），人権ではB－（まあまあ〜良くない），と評価した。その上で，中国が国際機関で責任ある行動をとることができるかは，中国政府が国内の諸問題にうまく対処できるかにかかっている，と結論付けた[7]。

　マーク・ランティーグ（Marc Lanteigne）は，中国が国際機関のルールを遵守する利点として，平和的な国際環境の獲得，共産党体制の維持，情報収集，良好な対米関係の維持，経済発展の促進，国際社会における名声の獲得という6つを挙げた。中国はこれまでの新興大国と異なり，国際機関という国際環境のなかで成長を続けており，自国の発展のために国際機関のルールを遵守し自ら積極的に国際機関を活用している，と論じた[8]。

---

6)　Ann Kent, *China, the United Nations, and Human Rights: the limits of compliance*, University of Pennsylvania Press, 1999.

7)　Gerald Chan, *China's Compliance in Global Affairs: trade, arms control, environmental protection, human rights*, World Scientific, 2006.

8)　Marc Lanteigne, *China and International Institutions: alternate paths to global power*, Routledge, 2005.

そして，中国の国際ルール遵守の要因分析を行うのが，「関与」，「社会化」，「適応」の視角からの研究である。「関与」から見ていこう。

関与（Engagement）

関与とは，ある国家が非強制的な方法で，他の国家の行動を協調的な方向へ導くことを指す[9]。関与は，外部の他者からの誘導によって，ある国家を国際ルールに遵守させることをいう。関与の視点からの研究とは，中国をどう国際機関に関与させるのか，またどのような条件のもとでならば中国を関与させられるのかを主な論点としている。アメリカの研究者の多くは，関与の視角から中国と国際機関の関係を論じてきた[10]。

初期の研究成果で重要なのが，サミュエル・S・キム（Samuel S. Kim）の研究である。キムは，中国の公式見解以上に，中国の活動に関する国際機関の統計や海外メディアの情報を重視し，中国の国際機関における行動をデータ化し，証拠として提示した。中国は国際システムに対し[11]，1950 年代は反システムアプローチ，1960 年代はシステム変更アプローチ，1970 年代は選択的システム変更アプローチ，1980 年代はシステム維持・活用アプローチを採用した[12]。中国は，国連において財政的な責任を負わず，一方で国連加盟から得られる利益

---

9) Alastair Iain Johnston and Robert S. Ross eds., *Engaging China : the management of an emerging power*, Routledge, 1999, p. xiv.

10) 初期の研究成果としてヤコブソン（Harold K. Jacobson）とオクセンバーグ（Michael Oksenberg）は，経済領域の国際機関である国際通貨基金（IMF），世界銀行，関税および貿易に関する一般協定（GATT）と中国の関係を分析した。ある国家が国際機関と関わるプロセスは，「関与・接触（Engagement）」，「参加（Initial participation）」，「相互の擦り合わせ（Mutual adjustment）」，「成熟した関係（Mature partnership）」の 4 段階に分けることができる。1989 年までの中国と国際機関の関係は，第 3 段階の「相互の擦り合わせ」が徐々に起こっている段階である。今後，「成熟した関係」になるためには，中国が国内制度をより開放的なものへ改革を行うかが重要であると論じた。Harold K. Jacobson and Michel Oksenberg, *China's Participation in the IMF, the World Bank, and GATT : toward a global economic order*, University of Michigan Press, 1990.

11) 国際システムは，複数の主権国家とそれらの間の相互作用からなるシステムを指す。国際システムにおいて，諸国家の行動を統御するのが国際機関である。山本吉宣「国際システム」『政治学事典』弘文堂，2000 年，342-343 頁。

12) Samuel S. Kim, "China's international Organizational Behavior", in Thomas W. Robinson and David Shambaugh eds., *Chinese Foreign Policy : theory and practice*, Oxford University Press, 1994.

を最大化しようとするフリーライダーのような行動をとっていたが，1990年代
に入ると，中国の国際機関における行動はゆっくりではあるが着実に，協調姿
勢へと変わりつつある，と論じた[13]。

　マイケル・オクセンバーグとエリザベス・エコノミー（Michel Oksenberg and
Elizabeth Economy）は，アメリカはいかに平和的に中国を国際社会の一員とし
て引き入れることができるかという，関与政策の立場から以下のように論じた。
アメリカの対中政策は，対立よりも相互適応に重点をおくべきであり，優先順
位をつけて中国に接するべきである。また，中国に国際機関のルールを遵守さ
せるためのインセンティブ（動機付け）や制裁を効果的に用いることが必要で
ある。その上で，中国は1980年代後半から1990年代にかけて国際機関で主張
し，交渉するという主体的な行動をとるようになったが，対応変化の背景には
国家指導者の交代，毛沢東一人が決定する体制から多人数で決定する官僚制へ
の移行［多元化］，冷戦終結という国際環境の変化，そして社会化がある，と論
じた[14]。

　アラステア・ジョンストンとロバート・ロス（Alastair Iain Johnston and Rob-
ert S. Ross）らは，アメリカ，日本，アジア地域の国々の対中関与政策の内容，
関与の程度，そして関与政策が採用された理由と背景を論じた[15]。このなかで
マーガレット・ピアソン（Margaret M. Peason）は，中国の経済領域の国際機関
における外交行動に焦点をあて，中国は経済領域では既存の国際秩序から多く
の利益を得ており，不満を持つ勢力とはいえない。アメリカの対中関与政策の

---

13)　Samuel S. Kim, "China and the United Nations" in Michel Oksenberg and Elizabeth Economy eds,
China Joins the World: progress and prospects, Council on Foreign Relations Press, 1999, pp. 42-89.
14)　この書は1990年代の中国と国際機関の関係を論じた代表作とも言えるもので，アメリカの著名
な中国研究者8名が，国連，軍縮，人権，貿易，金融，電信，エネルギー，環境の8つの国際機関に
おける中国外交を研究した。序論部分で，オクセンバーグとエコノミーは，中国外交に影響を与える
4要素として，「目的，国際機関の性質，政治的利益，戦略」を挙げた。なかでも「目的」として，「主
権維持，安全保障問題重視，台湾独立阻止，中国の国際的イメージ向上，経済発展」の5つを挙げた。
Michel Oksenberg and Elizabeth Economy eds., *China Joins the World: progress and prospects*, Council
on Foreign Relations Press, 1999, pp. 1-41.
15)　Alastair Iain Johnston and Robert S. Ross eds., *Engaging China: the management of an emerging
power*, Routledge, 1999.

もとで，中国はこれまで経済領域の国際機関へ加盟し，市場化の概念を学び，自国の経済政策の転換への動機を与えられてきた。しかし国際機関の規範が中国国内に浸透するか否かは中国政府の意思によるところが大きく，中国が国際機関において協調的な行動をとるかは，中国の指導者が市場化に対して肯定的か懐疑的かにかかっている[16]，と指導者の立場を対外政策決定の要因に挙げた。

　さらにジョンストンは別の論考で，「中国の国際機関における行動は，国連安保理常任理事国の議決行動などを見る限り，毛沢東時代の国際システムの改革者という立場から，国際システムの維持者へと変わったということで，多くのアメリカの学者の間で一致している」，と指摘した[17]。

　これら関与の視点からの先行研究は，冷戦後のアメリカのクリントン政権下で採用された対中関与政策と歩調を合わせるものであり，多くのアメリカの研究者が関与の視角から中国の国際機関外交を論じている。

社会化（Socialization）

　社会化とは，社会への新たな参入者が社会的な相互作用により，社会で期待される考え方や感情を持ち，行動するようになる過程を指す。換言すると，社会化は国際社会において学習した結果として国際ルールを遵守することをいい，その過程に着目するものである。ジョンストンは，社会化の概念を使い，中国の対外政策決定者が 1980 年から 2000 年の間に，包括的核実験禁止条約（CTBT）など安全保障領域の国際機関，国際条約への加盟，協力の道を選んだ理由を論証した。

　中国が安全保障分野の国際機関へ加盟して協力することは，国家の相対的パ

---

16)　Margaret M. Peason, "The major multilateral economic institutions engage China", in Alastair Iain Johnston and Robert S. Ross eds., *Engaging China: the management of an emerging power*, Routledge, 1999, pp. 207-234.

17)　ジョンストンはこのほか，以下のように論じた。中国の国際機関での活動は，国際イメージの向上を図る良い手段となっている。中国は自国に合わない国際ルールを変更しようとしているのではないかと議論されるが，実際は国際機関のルールは厳格で，既存の政策決定のプロセスに変更を加えるのは容易でない。江憶恩（Alastair Iain Johnston）「美国学者関与中国与国際組織関係研究概述」『世界経済与政治』2001 年第 8 期，48-53 頁。

2. 先行研究の検討　　11

ワーを高めると同時にパワーを傷つける可能性があるが，中国政府は加盟を選択した。この理由についてジョンストンは，国際社会への新たな参入者である中国が，社会的な相互作用によって国際社会で期待される考え方や感情を持ち，行動をとるようになるという社会化の過程を，模倣（mimicking），社会的影響（Social Influence），説得（Persuasion）の3段階を踏んで展開するもの，として分析した。

　模倣とは，新人［中国］が不確かな環境を通り抜けるために，集団の行動様式を真似るという一つの過程である。中国は国際機関加盟後，通常業務や手順について他国の行動を真似ることから始めた。1990年代前半には，中国の国際機関におけるワーキングペーパーの作成数が急増している。中国が国際機関において模倣することは，社会化の初期レベルにあると言える。

　次に，社会的影響とは新人の行動が，仲間に褒められ評価されるか，あるいは汚名や地位の低下として罰せられるかという過程を指す。中国が核軍縮に参加した主な理由は，国際社会でのイメージが重要だったからである。1990年代後半には，中国の指導者が国際社会における自国のイメージを重視するようになり，公式文書や発言などに「責任大国」という言葉が頻出した。また，中国国内には中国のイメージ向上のため，多国間の取り組みに積極的に参加すべきとの声もあった。CTBTへの加盟は，中国が国際社会におけるイメージアップのために犠牲を払った一例である。

　説得とは，新人が特定の規範，価値，因果関係を正しく理解し，自分で行うべきであると確信するようになる過程である。説得は，新人が強制されることなく，気持ち，意見，態度を変えることも意味する。国家の認識，趣向の変化を図るのは困難であるが，中国のASEAN地域フォーラム（ARF）への取り組みをみると，中国は1990年代に協力的な態度を取るようになった。結果として，中国は軍縮などの安全保障領域の国際機関，国際条約への参加により，概念や習慣がかなりの程度，社会化され，他国と協調政策をとらざるをえなくなった[18]。

　ジョンストンの社会化の視角からの研究は，着目した概念が斬新で，かつ論

証が緻密であると，学術界で高く評価されており[19]，多くの研究者によって参照されている。

このほか，ケントは人権，安全保障（軍縮），金融（世界銀行，IMF），環境の分野における中国の国際機関のルールの遵守状況を分析し，中国が社会化し国際機関のルールを遵守するようになったことを実証した。国際機関という多国間のシステムが，社会化を通じて扱いにくいメンバー［中国］を組み込んでいくことで，国家や国民の安全に貢献を行うという証拠を提示することができた，という[20]。

適応（Adaptation）

適応とは，国際ルールを遵守して実際に動くという，持続的な遵守をいう。中国が実際に国際ルールに従っていくときに必然的に生じる変化にあわせて，自国の制度やルールをどう変えるか，変化の難易，障害となるものの特色やその除去の可否，障害をどう乗り越えたかを分析するものである。つまり，適応の視角からの研究は，国際ルールの遵守の継続を可能とする中国国内の条件やプロセスに着目したものである。中国の学者の多くは，中国がいかに国際ルールを学習し，国際ルールと中国の国内制度との隔たりに対処しているかを論じている。

リベラルな学者として著名な王逸舟は，中国発の初期の研究書として重要な『磨合中的建構』のなかで，中国が国際機関のルールに適応していくプロセスを「理解と摩擦の過程」として論じている。国際機関は少数の欧米諸国により運営されており，ルールの制定にも不合理性がある。国際機関は中国にルールの遵守を求めており，中国は少なからずその制約を受けている。中国国内には，

18）　Alastair Iain Johnston, *Social States: China in international institutions 1980-2000*, Princeton University Press, 2008.

19）　例えば以下の論考など。Rosemary Foot, "Book Reviews: Social States: China in International Institutions, 1980-2000", *International Relations of the Asia-Pacific*, Vol. 8, 2008, pp. 399-404.

20）　Ann Kent, *Beyond Compliance: China, international organizations, and global security*, Stanford University Press, 2007.

2. 先行研究の検討   13

中国がいかに国際機関のルールに対応するかをめぐってさまざまな立場の主張があり，なかには国際機関のルール受け入れを厳しく批判し，国際ルール受け入れに対立した政策を主張するものもいる。このような立場の違いが中国の国際機関への対応の違いを生み出しているのである。具体的には，中国は国連やWTOなどには積極的に参加しているが，国際ルールが流動性を持つ気候変動枠組みなどには消極的な対応をとっている。また，人権領域など少数の欧米諸国によって運営されている国際機関や条約に対しては，中国は否定的で批判的な対応をとっている[21]。また王は別の論考で，「中国が国際機関へ参加する複雑なプロセスは，単純に自我の調整，一方通行の受身の過程であるだけではなく，実際には，これはシステムに対する影響，改造，修正といったフィードバック作用のプロセスである」と，適応は中国だけでなく，国際機関にもあてはまると論じている[22]。

門洪華は，中国と国際機関の相互関係を圧力，認識，国際イメージという3つの変数から分析した。中国の国際機関加盟を推し進めたのは，発展と進歩という国内の圧力であった。国際機関への加盟によって，中国の国家利益に対する認識が変わっていき，中国は国際戦略を調整するようになった。中国の行動は国際機関による影響や制限をますます受けるようになり，まさに今，国際機関のルールを受け入れる適応の過程をたどっている。中国が自国の利益の一部を犠牲にしながらも，化学兵器禁止条約を批准し（1997年4月），京都議定書を締結（2002年8月）したことは，その例である。結果として，中国の対外行動の変化は国際的な国家イメージの向上につながっている[23]。

---

21)　王逸舟主編『磨合中的建構——中国与国際組織関係的多視覚透視』中国発展出版社，2003年，28-32頁。なお，王の論文が収められた『磨合中的建構』は，2000年初期までの中国と国際機関の関係を論じたもので，中国における研究で重要である。中国の著名な学者に加え，ハーバード大学のジョンストンが論文を執筆しており，核不拡散体制，国連PKO，国連安全保障理事会改革，アジア太平洋経済協力（APEC），WTO，国際人権規約，国連気候変動枠組み条約，さらには中国の伝統思想，文化論理と幅広く論じている。

22)　王逸舟，天児慧・青山瑠妙編訳『中国外交の新思考』東京大学出版会，2007年，98頁（原著は王逸舟『全球政治和中国外交』世界知識出版社，2003年）。

23)　門洪華『構建中国大戦略的框架：国家実力，戦略概念与国際制度』北京大学出版社，2005年，243-263頁。

葉自成は，国際社会への加入は，歴史から見ても世界大国として成長するための基本的な道筋であり，今日の中国の成長の動力となっており，中国の開放政策が新たな段階に入ったことを意味すると，肯定的に論じた[24]。

このように，中国の学者たちは，中国の発展にとって国際機関へ参加し，国際機関のルールにあわせて国内制度を変えていくことが重要との前提に立って，その障害と対応の過程に着目する適応の視角から論じている。

2.2 大国化した中国の外交

中国が大国となるにつれて，中国の大国化が国際秩序と国際機関にもたらす影響と意味について，盛んに議論が行われるようになっている。物質的なパワーを重視するリアリズムの立場に立つ論者は，大国化した中国は安全保障面で強硬になり国際秩序へ挑戦する，と中国の「能動的」な対外行動に着目する。

権力移行論（Power Transition Theory）の立場に立つ研究者は，既存の大国と新興の大国が交差する時には歴史的にみて，国際秩序のあり方をめぐって争いが起き，戦争の危険性が高まってきたと論じる[25]。アーロン・L・フリードバーグ（Aaron L. Friedberg）は早くも冷戦結結直後に，中国の台頭が将来アジアの緊張状態をもたらすと論じた[26]。フリードバーグはその後の論考でも，今後数十年にわたり米中間で激しい地政学的対立に陥る可能性が高く，アメリカは中国への関与を続けながらも，同盟国・友好国との関係を強化してバランシングをはかり，競争のなかで中国の戦略や出方に影響を与えることがよい，と論じている[27]。

---

24) 葉自成『中国大戦略』中国社会科学出版社，2003年，136-165頁。
25) A. F. K. Organski, *World Politics*, Knopf, 1958. 一方で，世界の大国と新興の大国が類似した規範を持つ場合，新興の大国は既存の秩序に入り平和的に力の移行がみられる，とする研究もある。Charles A. Kupchan, et al., *Power in Transition: the peaceful change of international order*, United Nations University Press, 2001.
26) Aaron L. Friedberg, "Ripe for Rivalry: Prospects for Peace in a Multipolar Asia", *International Security*, Vol. 18, No. 3. (Winter, 1993-1994), pp. 5-33.
27) Aaron L. Friedberg, *A Contest for Supremacy: China, America, and the struggle for mastery in Asia*, W. W. Norton & Co., 2011（アーロン・L・フリードバーグ，佐橋亮監訳『支配への競争：米中対立の構図とアジアの将来』日本評論社，2013年）。

2. 先行研究の検討　　15

リアリズムの一つの立場である攻撃的リアリズム（Offensive Realism）の代表的論者であるジョン・J・ミアシャイマー（John J. Mearsheimer）は，国際政治は権力闘争の場であり，特に大国の行動は攻撃的になると論じる。中国は国力増強によって攻撃的になり，中国の台頭は平和的なものにはならない。米中間の安全保障をめぐる厳しい競争は戦争の可能性を高めることになる[28]。

このように権力移行論や攻撃的リアリズムの立場に立つ論者は，大国化する中国の外交は，特に安全保障面で強硬になり国際秩序への挑戦へ向かうことになる，と論じている。実際に，2010 年頃から南シナ海などで中国は海洋に積極的に進出しており，中国外交がソフトな路線から強硬な路線へと変わった論じる研究も多い。例えばロバート・ロス（Robert Ross）は，中国の海洋政策を「ナショナリスティックな対外政策」を呼び，政策の変化に注目している[29]。

一方で，中国は大国化しても国際ルールの改変や挑戦に向かうとは限らず，国際ルールへの受動的な立場を維持するという議論もある。リアリズムのなかでも防御的リアリズム（Defensive Realism）の立場の論者は，中国政府の意図，技術の高さ，地理的条件など，多くの変数を考慮に入れ，核兵器所持の有無や地理条件などから国家間での協調は以前より容易なものとなるため，中国は大国化しても紛争は不可避ではない，と考える[30]。

リベラリズムの立場も，中国は欧米主導の国際秩序に参加しているため，中国が大国化しても中国外交は必ずしも強硬化せず，秩序は平和的に保たれると考える。G・ジョン・アイケンベリー（G. John Ikenberry）は以下のように論じる。欧米諸国が主導する現存の国際秩序は高度に発達したものであり，拡大し，統

---

28)　John J. Mearsheimer, *The Tragedy of Great Power Politics*, Norton, 2001, 2014.（ジョン・J・ミアシャイマー，奥山真司訳『大国政治の悲劇：米中は必ず衝突する』五月書房，2007 年，2014 年改訂版）。

29)　Robert S. Ross, "Chinese Nationalism and Its Discontents", *The National Interest*, No. 116, November/December 2011, pp. 45-51.

30)　Charles L. Glaser, *Rational Theory of International Politics: the logic of competition and cooperation*, Princeton University Press, 2010. J. W. Taliaferro, "Security seeking under anarchy: defensive realism revisited", *International Security*, Vol. 25, No. 3, 2001, pp. 128-161. Tang Shiping, "Social Evolution of International Politics", *European Journal of International Relations*, Vol. 16, No 1, 2010, pp. 31-55.

合され，制度化され，そして先進資本主義諸国や発展途上国の一部の経済や社会のなかに深く根付いている。少なくとも潜在的には普遍的な広がりを持った原則やルール，そして制度が，このような現代的な国際秩序に埋め込まれている。それゆえ中国は自らの利益を促進し擁護するために，このような秩序に関与し統合されていくような動機や機会を見出すだろう。また中国はこの秩序を覆したり，それへの代替案を真剣に提示しようと考えたりすることが困難であることを理解するであろう[31]。

国際秩序の改編や確立に寄与したりする「力」としての中国の「大国化」にかかわる議論も行われている。中国は国際秩序を改変したり，新たに確立したりする能力と意思を持っているかどうかという論点について，グローバル・ガバナンスの観点から中国の国際機関への取り組みを論じる研究も出てきた[32]。

ライハ・チャン（Lai-ha Chan）は，公衆衛生を事例に中国のグローバル・ガバナンスへの取り組みを検証した。中国の国際ルールの遵守状況を調べ，中国は国際機関のルールに従おうと取り組んでいるが，達成が難しい。公衆衛生のガバナンスを見る限りでは，中国は「責任ある大国」になろうと努力しているが，現時点で成功していない。中国は，国際ルールの遵守も社会化も十分でない。確かなのは，国際社会との対立を避けようとしているということである。将来中国が十分なパワーを持つときまで，基本的には，革命的な行動は起こさず，保守的な姿勢を保つだろう[33]。

---

31) G. John Ikenberry, *Liberal Leviathan : the origins, crisis, and transformation of the American world order*, Princeton University Press, 2011（G・ジョン・アイケンベリー，細谷雄一監訳『リベラルな秩序か帝国か：アメリカと世界政治の行方（上・下）』勁草書房，2012年）。

32) グローバル・ガバナンスとは，「国境を越えて広く世界に影響を与え，一国単位では取り扱えないグローバル・イッシューを解決し，管理するための多様なアクターの協力に基づく仕組み」をいう。なお，グローバル・イッシューには経済問題（貿易，金融，投資など），環境問題（地球温暖化，生物多様性など），人道的問題（化学兵器，クラスター爆弾，国際犯罪など），さらに人間の安全保障（平和維持，疫病，難民，貧困／発展など）等の多くの問題領域が含まれる。猪口孝監修，山本吉宣・黒田俊郎編『国際地域学の展開：国際社会・地域・国家を総合的にとらえる』明石書店，2015年，26頁。また，グローバル・ガバナンス論は，国家だけではなくさまざまな非国家主体も含む点に特徴がある。山本吉宣『国際レジームとガバナンス』有斐閣，2008年，23頁。

33) Lai-Ha Chan, *China Engages Global Health Governance : responsible stakeholder or system-stansformer?*, Palgrave Macmillan, 2010.

2. 先行研究の検討   17

　ジェラルド・チャンら（Gerald Chan, Pak K. Lee and Lai-Ha Chan）は，安全保障，経済，人権に加え，環境，公衆衛生，食品安全，エネルギー，国を超えた組織犯罪という8つの領域での，中国の公共財の提供の有無と中国の関与が国際秩序に与える影響を分析した。中国は他の新興の大国よりもグローバル・ガバナンスに深く関与している。安全保障領域では国連PKO，特にダルフール問題においては調整役を務め，欧米と異なる新たなルール作りを行うことに成功した。しかしそれ以外は，中国はほとんど新たな国際ルール作りを行うことはできていない。中国は国際秩序の構造を変えるほどの能力はいまだ持っておらず，他国に何かをさせるようなパワーはまだ持っていない，と結論づけた[34]。

　ミンジャン・リー（Mingjiang Li）らは，大国としての能力だけでなく，「意思」をパワーの議論に入れて以下のように論じた。中国のグローバル・ガバナンスへの関わり方には3つの特徴がある。第1に，中国は，特に経済面でのグローバル・ガバナンスへの関与を重視する傾向がある。第2に，中国はグローバル・ガバナンスにおいて存在感を高めることに熱心で，国際システムでより大きな政治的パワーを得ようとしている。第3に，しかしながら近い将来，中国はグローバル・ガバナンスで主導的役割を獲得するために他国と争う意思はないようだ[35]。

　これら議論は，国際秩序の改編や確立に寄与したりする力としての中国の「大国化」について，現時点では，中国はそのようなパワーは有していないと主張しているのである。

2.3　中国の対外政策決定に関わるアクターの多元化

　中国の対外政策決定は，改革開放初期まではトップリーダーが政策を決定する一元的な構造と映ることが多かった。毛沢東，鄧小平というカリスマ的な指導者が退き，集団指導体制となると，対外政策も集団や部門間で協議し合意を

---

34)　Gerald Chan, Pak K. Lee and Lai-Ha Chan, *China Engages Global Governance : a new world order in the making?*, Routledge, 2012.

35)　Mingjiang Li eds., *China Joins Global Governance : cooperation and contentions*, Lexington Books, 2012.

得るという多元化した決定構造へと変わっている。1990 代後半からの経済成長にしたがって，中国国内に豊富な資金力を持つ集団（アクター）が数多く生まれ，また対外政策として取り上げられる分野や問題も多岐にわたるようになると，多くのアクターが中国の対外政策形成過程に参加することが可能となった[36]。

　中国の対外政策決定のメカニズムは建国当初から 2 段階に分かれており，中央指導部は国家の対外戦略の原則や基本方針，重要とされる問題をめぐる対外政策を決定し，国家の対外戦略に沿った具体的な対外政策の制定と執行は各省庁，各地方政府の役割とされる[37]。ここで中央指導部とは，中国共産党（政治局及び政治局常務委員会，党外事指導小組と他の中央委員会機関），国務院（外交部，他の政府機関），人民解放軍をいう。そして，浅野亮によると，21 世紀初頭の中国の対外政策決定モデルは共産党，国家，軍隊という伝統的なモデルから，企業や地方のほか世論も加えた多元的で拡散したものに変わりつつある，という[38]。

　ディビット・ランプトン（David M. Lampton）は 2001 年の研究で，中国の対外政策決定の変化を「専門化」，「多元化」，「分権化」，「グローバル化」の 4 つからとらえ，以下のように論じた。中国の対外政策決定は多元化が急速に進んでいるが，多元化によって政策決定に関わるアクターの間で調整や交渉を行う必要が出てくるため，結果として対外政策の形成と決定は緩慢になる。また，「分権化」とは多元化の一側面であり，具体的には中国の中央政府と地方政府の関係などがある。対外政策の形成と実施において，中央政府だけでなく地方政府

---

36)　Andrew Martha, "Fragmented Authoritarianism 2.0': political pluralization in the Chinese policy process", *The China Quarterly*, Vol. 200, December 2009, pp. 995-1012.

37)　青山瑠妙『中国のアジア外交』東京大学出版会，2013 年，5 頁。

38)　浅野亮「対外政策の構造と決定」天児慧・浅野亮編『中国・台湾』ミネルヴァ書房，2008 年，189-216 頁。浅野亮「中国の対外政策方針の変化：その決定メカニズムとプロセス」『国際問題』No. 602, 2011 年，36-47 頁。ケネス・リバーサルは，早くも 1990 年代はじめに，中国の政治体制と対外政策を「分断化された権威主義（Fragmented Authoritarianism）」として捉え，重要な外交案件の意思決定を行う決定的な主体は存在しないと論じた。Kenneth Lieberthal and David Lampton, *Bureaucracy, Politics, and Decision Making in Post-Mao China*, University of California Press, 1992.

2. 先行研究の検討　19

も関わるようになっており，特に経済分野で分権化が進んでいる。地方政府は自らの経済発展という動機から周辺国との間で経済関係を深めており，結果として地方政府の対外活動が中央の対外戦略の一部となっている。中国の対外政策決定において，分権化が進んだことによって，本来，対外政策決定の「下位のレベル」にある参加者，つまり地方政府が中国の対外政策の重要なアクターとなりつつある。また，中国の対外政策決定が多元化している証拠に，各省庁，アクターの意見対立，利害調整を行う「小組」，特に外交に関連が深い党中央外事工作領導小組の役割が大きくなってきていることがある，と論じている[39]。

リンダ・ヤコブソン（Linda Jakobson）とディーン・ノックス（Dean Knox）は，中国における多くのインタビューをもとに中国の対外政策の新たな関与者の役割を明らかにしたが，中国の対外政策形成における権限が細分化されており，集団的な意思決定は責任の所在がはっきりしないものとなりやすい，と指摘している[40]。

もちろん，新たに対外政策決定に関わるようになったアクターのすべてが自らが利害を有する対外政策のすべてに関わることができるわけではなく，また各アクターが政府に圧力をかけて自らに有利な政策を政府に決定させようと試みたとしても，要求がそのまま政策として採用されるわけではない。

誰の意見や要求が，どのように中国の対外政策に反映されるかという問題を考える際には，対外政策決定モデルの一つである「官僚政治モデル」の視点が有用であろう。官僚政治モデルは，組織を役職についている人間の集合体ととらえ，与えられた任務を最大限に実行することを目標にしている役職者間の「駆け引き」の結果が政策決定であるとするもので，組織よりも人間が政策決定

39）　David M. Lampton eds., *The Making of Chinese Foreign and Security Policy in the Era of Reform*, Stanford University Press, 2001, pp 4-24. 党中央外事工作領導小組については以下が詳しい。中川涼司「中国対外経済政策の新段階と政策決定主体，交渉チャネル，政策指向性の変化」『立命館国際地域研究』第 34 号，2011 年，127-157 頁。

40）　Linda Jakobson and Dean Knox, "New foreign policy actors in China", *SIPRI Policy Paper*, No. 26, 2010 September（岡部達味監修，辻康吾訳『中国の新しい対外政策　誰がどのように決定しているのか』岩波現代文庫，2011 年）。

に重要な影響を与える，と考える[41]。青山瑠妙は，中国の対外政策決定を考える際に官僚政治モデルの視点が必要としながらも，以下のように論じている。中国では国内の利益調整，集約機能が機能しない可能性があり，各省庁にゆだねられている国家の対外戦略に沿った具体的な対外政策決定の権限が分断化されているのであれば，官僚政治モデルはそのまま中国に適用できない場合もある。このため，中国の対外政策決定を考える上では，官僚政治モデルそのものよりも，官僚政治モデルの3つの柱である，誰がゲームに参加するのか，各プレーヤーのイシューに対する立場を決定づけるものは何か，各プレーヤーの立場がどのように集約されて政策となるのか，という3つが重要な分析視点となる[42]。

　一方で，新たに中国外交に関わるようになったアクターを「利益集団（interest group）」と，とらえる研究もある。利益集団とは，政治に関心を持った国家と社会に存在するすべての集団をいい[43]，中国の政治社会の文脈においては，社会に存在する利益の各主体，既得権益を持つ組織や集団を指す場合が多い[44]。楊帆によると，中国における三大利益集団は地方政府，国有独占企業，多国籍企業であるという[45]。これら利益集団は，2000年代に莫大な経済力を持つようになり，対外政策への関わりを徐々に強めている。

　では，利益集団はどのような方法で，政策決定に影響を与えようとするのだろうか。一般論として，利益集団が自らの利益を政策に反映させるための主な

41)　久米郁男他『政治学』有斐閣，2003年，322頁。
42)　青山，前掲書，10-14頁。
43)　なお，利益集団と似た概念に「利益団体」があるが，これは「政治・政策関心を有した市民社会組織」である。つまり外部から把握できる継続性・恒常性のある組織が政治・政策関心を有すると利益団体なのであり，すべての社会の組織は利益集団の二つの顔をもつ。中国においては，利益集団の用語が1980年代後半から使用されるようになり，2000年代に入ると利益集団と利益団体はほぼ同義語として使用されるようになった。本研究では，中国外交に影響を与えるのはネット世論など組織化されていないものも含むと捉えること，また中国では利益集団の語がより一般的に使用されていることから，利益集団の語を使用する。辻中豊編『現代日本の市民社会・利益団体』木鐸社，2002年，19-26頁。
44)　黄媚「政治過程」辻中豊・李景鵬・小嶋華津子編『現代中国の市民社会・利益団体：比較の中の中国』木鐸社，2014年，195-196頁。
45)　楊帆等『利益集団』鄭州大学出版社，2010年，62-63頁。

手段にロビイングがある。ロビイングは，利益集団の代表者が政策決定者・ア
クターとの間に直接に連絡をとる「インサイドロビイング」，利益集団の代表者
がマスメディア，会員動員，他の団体との連合などの手段を経由し，政策決定
に影響を与える「アウトサイドロビイング」の大きく2つの戦術に分けること
ができる[46]。中国にあてはめると，それぞれのアクターは中国政治における地
位によって政策決定過程への参与の程度や方式が異なるが，大手エネルギー国
有企業出身の周永康（2015年6月に汚職で無期懲役刑）や張高麗は，出世して党
の政策決定の中枢に入っている。また，大手国有企業の幹部は，中国共産党中
央委員会に名を連ねるなど政策決定の中枢に入っているため，「インサイドロ
ビイング」の方法でさらに上層の政策決定者に自らの利益の拡大を迫るよう働
きかけを行うことが可能である。地方政府のトップも，党の政策決定の中枢に
入っていることから，個人のつながりを通して自らの省の発展に有利な政策決
定を働きかけることができよう。

　このように中国の対外政策決定に新たに関わるようになったアクターを考え
る際には，官僚政治モデルや利益集団ととらえる視点が有用である。以上のよ
うに，これまで解明が困難だった中国の対外政策決定過程についてもいくつか
の研究が行われているが，依然として明らかになっていることはほんの一部で
ある[47]。このため，本書では事例研究を積み重ねることで，中国の対外政策決
定構造の多元化が中国外交，そして国際機関外交の方向性に影響を与えている
ことを明らかにしていきたい。

3. 研究枠組みと仮説の提示

　ここまでみてきたように，中国の国際機関での行動は「受動的」と「能動的」
という大きく2つに分けることができる。「受動的」な行動に着目する先行研
究は，戦後の国際秩序を「自由で開かれたもの」とし，中国は欧米主導の国際

46）　黄媚，前掲論文，181-198頁。
47）　第1章第4節で例示する。

機関に加入し，国際ルール，制度，規範を守ることによって大きな利益が得られることを前提とする。そのなかで，欧米諸国はインセンティブ（動機付け）と圧力を手段に対中関与政策を推進し，国際ルール，国際規範を遵守するという方向で中国外交を誘導する。また，中国は外交利益の最大化を実現するために国際機関での学習を繰り返し，場合によって国際ルールを遵守するために，国内制度や政策を変更することで適応をはかる。WTOの加盟はその例である。また，一部の先行研究は，社会化の概念で中国が国際機関に加入し，国際ルールに適応する過程をとらえようとする。

「能動的」な対応では，中国は国際機関でイニシアティブをとったり，地位の向上や影響力の拡大を図ったり，場合によって国際ルールに挑戦したりする。近年，中国はアジアインフラ投資銀行（AIIB）を設立し，南シナ海で海洋進出を繰り返すことはその例である。こうした中国の「能動的」な対応への変化について，大国化という現象によって説明しようとする先行研究がある。たとえば，攻撃的リアリズムは，大国化した中国はそのパワーを用いて国際ルールへの挑戦を行っているとする。しかし，大国化が必然的に中国を国際ルールへの挑戦者に向かわせたという議論は必ずしも正しくない。リベラリズムの立場は言うまでもなく，防御的リアリズムの立場からの先行研究も，中国は大国化しても国際的ルールの改編や挑戦に向かうとは限らず，国際ルールを維持するとの議論もある。中国の国際機関外交は確実に変化しつつあるが，分野によっては協調姿勢をみせたり，強硬的な政策を進めたりする，いわば二重性格を持っている。

しかしながら，上述した議論は「中国の大国化」だけを説明変数として利用しているために，中国の国際機関外交が「受動的」である場合と「能動的」である場合，さらには協調姿勢や強硬姿勢をとることがあることを説明できていない。なぜならば，大国化の過程で中国社会の多元化や政策決定構造の変化などが見落とされたからである。具体的に，中国の対外政策決定はトップリーダーが政策を決定する一元的な構造から，集団指導体制のもとで集団や部門間で協議し合意を得るという多元化した構造へと変わっている。中国が大国化する

過程で中国国内に豊富な資金力を持つアクターが数多く生まれ，対外政策として取り上げられる分野や問題も多岐にわたるようになり，多くのアクターが中国の政策形成過程に参加することが可能となっている。さらに，インターネット世論は国家から自立性を強め，特にナショナリズムは外交政策に影響を及ぼし始めている。

　以上の議論から本書の問いである，中国の国際機関外交はなぜ，どのように変化したのか，に対する答えとなる仮説を以下のように設定した。

　大国化および対外政策決定に関わるアクターの多元化は，中国の外交目標の変化をもたらし，二重性格を持つ対外政策の変化につながっている。言い換えれば，大国化による中国の国際的地位の上昇と，多元化と呼べる国内的変化が相まって，中国の国際機関外交の様式とその変化に大きな影響を与えている。大国化と多元化はいかに絡み合って中国の国際機関外交の様式を形作ってきたのかを探求するのが本書の目的であり，またそこに本書の独自性がある。

　そして，大国化と多元化により中国の国際機関外交がどのように変化するかについては，以下の大きく5つの対応変化が想定できよう。なお，中国の国際機関の規範，ルール，慣習の遵守の程度を対応変化の判断基準とした。

　第1は，「遵守，静観」である。中国は国際機関に加入し，学習を繰り返し，その規範，ルール，慣習の遵守につとめ，大国化しても中国の国際機関への対応に変化はないというものである。中国は基本的に自国の利益に直接関わりがない場合には，国際機関で静観するなどの行動をとる。

　第2は，「遵守，貢献」である。中国は国際機関の規範，ルール，慣習を遵守するだけでなく，その維持に自ら貢献する。具体的には，中国は国際機関の決定にしたがい，財政貢献や人的貢献を行うなど建設的な役割を果たし，公共財の提供に積極的に協力するなどである。

　第3は，「制度内現状変革」である。中国は自国の利益追求のために，国際機関のルールを変えて地位の向上を要求しようとする，というものである。その主張は国際機関で他国との対立を引き起こすこともあるが，あくまで国際機関の手続きと手順を踏まえたものであり，つまり国際機関という制度のなかで現

状の改善という変革を求めるというものである。

　第4は，「不遵守，脱退」である。ルールの変更や自国の地位向上の要求が国際機関で拒否されたために，中国はその国際機関から脱退し，国際機関のルールを遵守しないというものである。

　第5は，「新制度」である。中国は既存の国際機関の枠組みの外で，新たな規範，ルール，慣習を持つ新たな制度をつくりあげるというものである。

　この議論を図にすると以下のようになる。

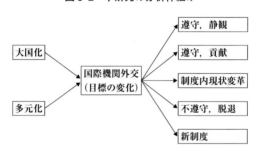

図0-2　本研究の分析枠組み

　ここまで論じてきた議論と仮説が成り立つかを検証するため，第2章以下で4つの事例研究を行っていく。国際安全保障領域の国連PKO，国際経済領域のWTO，人権領域の国連人権理事会およびILO，そして新たな外交としてAIIBと海洋経済政策を取り上げる。これら実証研究の対象である国際機関は，安全保障，経済貿易，人権と各領域の核となる制度をそれぞれ選択した。そして，1980年代の加盟から2016年までと，長いスパンで中国の国際機関外交の検証に取り組んだ。

4．本研究の独自性と意義

　本研究の独自性は，大国化と対外政策に関与するアクターの多元化という2つの視点から，中国の国際機関外交を実証的に分析する点である。

4. 本研究の独自性と意義

　中国と国際機関の関係について先行研究は，国際機関が果たす「外圧」としての役割を重視し，中国は国際機関に加盟し，ルールを遵守することで協調的な姿勢をとるのかどうか，という問題に多くの関心を払ってきた。しかし，「遵守」，「関与」，「社会化」，「適応」という概念だけでは，中国の国際機関外交を説明することは難しくなっている。「遵守」などの視角に基づく中国の国際機関外交の説明は，中国の国際社会との接触がいまだ少ない時期において，中国が国際社会に入っていく外交過程を理解するのには有効であった。しかし，中国が経済大国，軍事大国となるにつれ，中国が目指す外交目標や外交姿勢にも変化が生まれている。中国自身の変容を考慮せずに，中国の国際機関への対応を以前と同じ概念から説明することは難しくなっている。

　そこで，本研究は中国の国際機関外交を考える上で，中国の大国化に加えて，大国化によって生じた中国の対外政策に関わるアクターの多元化を分析の視点に加えることを試みることとした。中国が大国化する過程で，経済力をつけたアクターが多く生まれており，一部のアクターは中国の対外政策の決定にも影響を与えるようになっている。集団指導体制の胡錦濤政権では，幹部や世論の反対を押し切って政策を打ち出したり，外交を行う際にも国内アクターの意見を無視することは難しくなっている。

　大国化と対外政策に関与するアクターの多元化という2つの視点から中国の国際機関外交を論じることで，中国の国際機関ごとに対応が異なる理由を明らかにできるのではないか，中国が国際機関外交で強硬姿勢をとるのは大国化だけではなく，国内アクターの強い要求があった場合，大国化と多元化という2つが合わさった時と言えるのではないかと仮説を立てた。このように2つの視点から中国の国際機関外交を論じることが，本研究の独自性であり，また理論的意義である。

　その上で，本研究の社会的意義は次のようなものである。大国となった中国の国際機関外交の変化と，その変化の要因を理解することは，中国とのつながりが深い日本，そして国際社会全体にとって重要である。中国が改革開放以降，1980年代以降に国際機関に加盟してから35年以上が経った。この間，高い経

済成長率を背景に，国際機関における新興大国，なかでも中国の影響力が増している。国際機関では，中国をはじめとする新興国の登場で意思決定の方法，価値やルールの変更が議論されるようになっている。日本が加盟し，運営に関わってきた国際機関は，大国化した中国の外交の変化により，運営方法やあり方自体が問われるようになり，変革のときを迎えている。中国の国際機関外交の変化を理解することは，今後，日本がいかに中国に対応していくかを考える上でも重要であるといえるだろう。

5. 研究方法と資料

　本研究は，何が中国の国際機関外交に影響を与えているか，つまり原因（独立変数）と結果（従属変数）の間にどれほどの関係性があるか（媒介変数）という因果関係の検討を行う。中国外交に関する理論的検討から因果仮説を導いたのち，事例研究を行うことで因果仮説の検証を行っていく。

　本研究は，中国が国際機関で実際にどう活動しているのか，国際機関の会議記録や統計を用いデータ化して，証拠として提示することを重視した。これは中国の国際機関外交研究の第一人者であるサミュエル・キムが用いた研究方法であり，キムは中国政府の言説にとらわれず，実際の行動がどうなっているのか，客観的な証拠を挙げて見ていくことの重要性を説いた[48]。中国政府は言葉巧みに外交を論じることが多いが，実際の対外行動は文言と異なっていることも多く，中国政府の言説を額面どおりに読むと実際の対外行動を読み間違えるおそれがある。このため本研究の事例研究では，中国の国際機関における行動の各種統計などを重視した。同時に中国の公式文書，公式見解を読み解くこと

---

48)　Samuel S. Kim, "China and the United Nations" in Michel Oksenberg and Elizabeth Economy eds., *China Joins the World: progress and prospects*, Council on Foreign Relations Press, 1999, pp. 42-89. Samuel S. Kim, *China, the United Nations, and World Order*, Princeton University Press, 1979. Samuel S. Kim, "Chinese foreign policy faces globalization challenges", in Alastair Iain Johnston and Robert S. Ross, eds., *New Directions in the Study of China's Foreign Policy*, Stanford University Press, 2006, pp. 276-306.

5. 研究方法と資料 27

で，中国政府は実際の外交行動をいかに説明しているのかを探った。

一次資料としては，国際機関が公開する会議記録やリポートなどの資料やデータを収集した。特に国連は，会議の内容や統計など膨大なデータをホームページ上で公開しており，主にそこから資料・データを入手した。ホームページ上にない資料は，国連大学ライブラリーや国会図書館で入手した。中国の国際機関のルール遵守状況を知るため，アメリカ合衆国通商外交部および議会等が発行するリポートを参照した。また，中国政府発行の文書としては，毎年発行される外交文書，2年に1度公表される国防白書等の公式文書を収集した。このほか，指導者の発言内容等を情報源が確認できるもののみ活用した。また，これまで各種の報道や講演で公開された中国側の言説および国連大使の回顧録などの資料を収集した。新聞では主に『人民日報』などの中国語の新聞紙，情報源が確認できるものとしてインターネット上の新華網に掲載された記事も活用した。

二次文献資料として，筆者は日本，中国大陸（北京・上海），香港，アメリカ（ワシントン，ニューヨーク，ボストン）の大学や図書館において文献資料の調査を行い，日本語，中国語，英語の著作，論文などの文献資料を収集した。中国語の論文収集にあたっては，中国学術文献オンラインサービス（CNKI）を活用し，研究究者の論文や論評を入手し，中国国内の対外政策，国際関係の研究動向を追った。また，英文オンラインジャーナルを活用してアメリカの学術誌の論文を入手し，アメリカにおける中国外交の研究動向を調べた。中国の大国化と対外政策の転換を関連付けるため，日本国内で，中国経済の統計データ，軍事費の統計データ，貿易統計や中国外交関連の書籍等，データと資料を収集した。

以上の文献・資料収集の補足として，海外での現地調査の際に，中国外交の関係者，専門家へのインタビュー調査を行った。2010年，2011年，2012年，2014年に，中国の北京，上海，香港，および台湾で現地調査を行った。その際，中国外交の専門家，大学教授，外交官，中国の労働問題に詳しい政府系シンクタンクの研究者に加え，新華社記者など報道関係者と企業家に，中国外交およ

び本研究の仮説の妥当性について聞き取りを行った。2010年のアメリカ（ニューヨーク，ワシントン，ボストン）での調査にあたっては，アメリカの中国外交研究者のほか，ニューヨークの国連本部勤務の日本人外交官に中国の国連安保理における対応についてのインタビューを行った。これらインタビューが本書の構想に影響を与えている。

6. 本書の構成

本書の構成は以下のとおりである。第一章では，中国の大国化とそれがもたらした中国国内の変化，中国外交の変化について詳しく論じる。そして第二章から第五章までの事例研究を通して，本研究の主張する因果メカニズムと仮説が，中国の国際機関外交の実際の過程でどのようにあらわれるのか，またはあらわれないのかを実証する。

第2章では，安全保障領域として中国の国連平和維持活動（国連PKO）に着目する。国連PKOは，国連安保理のメンバー国が国際紛争を認定し，国連がどの紛争に介入して支援を行うかを決めるもので，国際安全保障秩序を維持するための国連の重要な活動である。中国の国連PKOに対する投票行動や要員派遣など多方面から中国の対応を検証することで，中国は大国化したが，国連PKOへの積極参与をめぐり国内アクター間で大きな意見対立がなかったため，国連PKOに対する関わりを強めていったことを論証する。

第3章は，経済領域として世界貿易機関（WTO）への中国の対応を見る。WTOは今後の国際貿易のルールを作り，また加盟国が既存のWTOの国際貿易ルールを遵守するための紛争解決制度を備えた，国際経済秩序の中核を担う国際機関である。中国はWTOの国際貿易体制から多くの利益を得ているものの，2000年代後半になると，WTOで発言力向上を求め，自国の主張を強く打ち出している。この背景には，中国の大国化によって中国が自国の政策を強力に推し進めるようになったこと，さらには，大手国有企業などの強い要求から，政府が国内アクターの利益確保のため，WTOで強硬姿勢をとるようにな

ったことを論証する。

第4章は，人権領域として中国の国連人権委員会と国際人権条約，そして国際労働機関（ILO）への対応の変化と要因を検証する。国際人権条約は，国際社会が守るべき人権規範を定めたルールであり，国連人権委員会は加盟国が国際人権規範とルールを遵守しているかを監視する，国際人権の秩序にとって鍵となる国際機関である。2000年代後半になると，中国は国際人権理事会で人権状況改善の勧告を受けいれず，強硬姿勢をとるようになった。中国の対応変化の背景には，大国化により，中国政府は国際機関からの要求を受け入れようとしないことがある。さらに，中国国内では権利意識が高まった国民が，自らの権利保護や人権状況の改善を求めて政府へ要求し，政府と国民の一部との対立が強まっているが，政府は一部の国民や活動家への弾圧を以前よりも強めていることを論じる。

第5章では，中国の新たな外交として，「一帯一路」構想発表の背景，アジアインフラ投資銀行（AIIB）の設立，そして国際社会が近年高い関心を寄せている中国の海洋進出と海洋経済政策を取り上げる。中国の海洋政策の強硬化の要因の一つに，中国国内に海洋政策に利害を有するアクターが増え，アクター間で権益をめぐって競争を強めていることがある。世界の工場として中国の経済成長を支えた広東省を例に，地方政府が海洋権益を追求するようになった経緯を見ていく。

最後に終章では，事例研究の発見を要約して本研究全体をまとめ，大国化する中国にいかに接していくべきかを論じる。

第1章　大国化がもたらした中国外交と中国国内の変化

1.　はじめに

　本章では，本研究の主要な概念である中国の大国化，大国化がもたらした中国外交の変化，そして対外政策決定に関わるアクターの多元化について，それぞれ詳しく見ていくこととする。

2.　中国の大国化

　国際政治における「大国」という概念をめぐっては，多くの論者が解釈を示している。ヘドリー・ブル（Hedley Bull）によると，「大国とは，①肩を並べている二大国，またはそれ以上の数の大国が存在していること，②軍事力の点で最前列にあること，③他の諸国によって，一定の特別な権利・義務を有する国家として承認され，かつその国自身の指導者と国民によっても，そのように理解されている国家」である[1]。ジョン・ミアシャイマー（John J. Mearsheimer）は，「大国というステータスは，ほとんどの場合は『相対的』な軍事力の強さによって決定される。ある国家が大国になるためには，最も強力な国家に対して通常兵器による総力戦を戦えるだけでの十分な軍事的試算を持たなければなら

---

1)　ヘドリー・ブル，臼杵英一訳『国際社会論：アナーキカル・ソサイエティ』岩波書店，2000 年，244-248 頁。（原著は Hedley Bull, *The Anarchical Society: a study of order in world politics*, Macmillan, 1982.）

ない」と述べている[2]。ポール・ケネディ（Paul kennedy）は大国の条件として，「軍事力と生産性および収益を高める能力（経済力）」を重視している[3]。このように大国の条件として，まず軍事力の大きさを挙げる論者が多い。

19世紀や20世紀の大国は，軍事力や経済力の大きさが重視されていたが，今日の大国には総合的なパワーが求められるようになっている。デイビット・シャンボー（David Shambaugh）は，「今日の世界ではそのほかに，強い文化的な影響力や規範力といったソフトパワーも反映されなくてはならない。そのため，世界の大国としての地位を回復しようとする現代中国は，意識的に複数次元での力を追求してきた」[4]。中国のパワーを図る基準として，デイビッド・ランプトン（David D. Lampton）も，Might（強制力），Money（経済力），Minds（観念的なパワー，いわゆる「ソフトパワー」）の3つを挙げ，近年，中国は特にソフトパワーの向上に力を注いでいると論じている[5]。

本研究も，シャンボーとランプトンの議論を援用し，大国とは，①軍事力，②経済力，そして③ソフトパワーの3点を備えた国家と定義する。そして，大国化とは上記三点を備えるようになる過程である，と定義する。本研究では，中国を大国となる過程にある国と捉えるため，「大国化」の用語を使用する。

では，中国はどの程度，大国化していると言えるだろうか。ここでは，中国が軍事力，経済力，ソフトパワーをどれだけ有しているかを見ていこう。まず中国の軍事力に着目すると，中国は軍事装備を近代化し，毎年軍事費を拡大し続けたことで，アメリカに次ぐ世界第2位の軍事大国となった。中国が公表する国防費は，1989年以降，2010年を除いて毎年2桁増を続けているが，実際は

---

2) ジョン・ミアシャイマー，奥山真司訳『大国政治の悲劇：米中は必ず衝突する』五月書房，2007年，22頁。（原著は John J. Mearsheimer, *The Tragedy of Great Power Politics*, Norton, 2001.）

3) ポール・ケネディ，鈴木主税訳『大国の興亡：1500年から2000年までの経済の変遷と軍事闘争 上巻』草思社，1993年，2-4頁。（原著は Paul Kennedy, *The Rise and Fall of the Great Powers: economic change and military conflict from 1500 to 2000*, Unwin Hyman, 1988.）

4) デイビッド・シャンボー，加藤祐子訳『中国グローバル化の深層：「未完の大国」が世界を変える』朝日新聞出版，2015年，19頁。（原著は David Shambaugh, *China Goes Global: the partial power*, Oxford University Press, 2013.）

5) David M. Lampton, *The Three Faces of Chinese Power: might, money, and minds*, University of California Press, 2008.

2. 中国の大国化　　33

公表の数字よりさらに多いと見られている[6]。ストックホルム国際平和研究所
(SIPRI) の統計によると，中国は2008年にイギリスを抜き，アメリカに次ぐ世
界第2位の軍事支出国となっている[7]。アメリカと中国の間には，依然として
軍事支出，装備の蓄積，技術力，同盟国の有無など総合的な軍事力で大きな差
があるが，近年，中国政府は明確に軍の近代化を目指すことを表明し，軍備拡
張を続けており，軍事大国への道を歩み続けている。

　次に経済力を見ると，中国は2000年代に年10%近い経済成長率を維持し，
経済面で世界的な影響力を持ちうるだけに成長している。さまざまな指標も，
中国が経済大国であると示している。①名目GDP（国内総生産）は，2010年に
日本を抜き世界第2位である。②2009年にドイツを抜き世界最大のモノの輸
出国，また同年からアメリカに次ぐ世界第2位のモノの輸入国となった。③世
界の銀行の総資産のランキングにおいては，2014年末時点で上位5行のうち4
行が中国の国有銀行である。④外貨準備高は世界最大である（2012年末で2兆
2115.89億ドル）。⑤米国債保有高は，2008年9月に日本を抜き外国政府として
最大となった。⑥エネルギー消費量は，2009年にアメリカを抜き世界最大とな
った[8]。特に2008年末からの世界金融危機以降，経済力の面で中国は大国と
なったと言って差し支えないだろう[9]。

---

6)　中国の軍事費については，U.S. Office of the Secretary of Defense, *ANNUAL REPORT TO CONGRESS, Military and Security Development Involving the People's Republic of China*, 各年度版を参照した。

7)　*SIPRI YEAEBOOK: Armaments, Disarmament and International Security*, 2008, 2009, 2010, 2011, 2012, 2013, 2014, 2015.

8)　データの根拠はそれぞれ①と④が The World Bank-Date Indicator. ②が UNCTAD (United Nations Trade and Development) Statistics. ③が CNN「銀行の総資産トップ5，中国が4行占める」2015年8月5日。⑤はアメリカ財務省の国際資本動向（TIC）統計（U.S. Department of the Treasury-Treasury International Capital (TIC) Data），2008年11月18日。（なお，2008年9月末の数字）。この後2015年2月に日本が米国債保有で中国から首位の座を奪回した。⑥は International Energy Agency (IEA), "China overtakes the United States to become world's largest energy consumer", 20 July 2010.

9)　とはいえ，中国は一人当たりのGDPでは，中所得国の域にとどまっている。国連の人間開発指数でも，中国は毎年順位を上げているものの，2015年時点で188カ国中90位と，アメリカ（8位）や日本（20位）には遠く及ばない。United Nations Development Program (UNDP), Human Development Report 2015.

では，いわゆる「ソフトパワー」の観点から見た中国の大国化はどうか。ま
ず，ソフトパワーとは，ジョセフ・S・ナイ（Joseph S. Nye Jr.）によると「他人
の好みを決められる能力で，自分が求める結果を他人も求めるようにさせる能
力」，つまり「魅力や説得によって他者に何かをさせる能力」であり，「国の文
化や政治的価値，対外政策から生まれる」ものである[10]。

中国は 2007 年から，国を挙げてソフトパワー（中国語で「軟実力」）の強化
に取り組んできた。2007 年 10 月の第 17 回共産党大会において胡錦濤国家主
席は「中華民族の偉大な復興のために，中華文化の繁栄と興隆が絶対に必要で
ある。（略）この国のソフトパワーの一環として，文化を強化しなくてはならな
い」と報告し[11]，政府がソフトパワーの獲得を重視していく姿勢を明らかにし
た。この後，中国政府は世界各地に中国語教育や文化を広める孔子学院を政府
主導で設立し，多額の資金を投じて，中国の国際イメージとソフトパワーの向
上を図ってきた。

ソフトパワーの有無や効果を図るのは容易ではないが，中国の取り組みに比
例するような効果は出ていないというのが，専門家の意見である。例えば，シ
ャンボーは，「ソフトパワーの魅力とは，政府からではなく社会から全面的かつ
本質的に生まれるものだ。（略）中国の魅力は普遍的ではない。現在の中国に
は，ソフトパワーを持てるだけの普遍的な魅力がない」と断じている[12]。

中国の知識人の間でも，中国が他国を惹きつけるような魅力やソフトパワー
を備えているとの意見は少ない。さらに，中国の論者の間では，中国は依然と
して国際的な影響力が小さく，国際社会での相応の尊敬を受けていないとの不
満も多い。王緝思は「中国の指導者は，中国は『世界一流国家』としてしかる
べき待遇を受けるべきであると考えている」，「少なくとも中国は，国際経済，
金融分野ではトップクラスになったのだから，世界銀行や IMF ではもっと大
きな発言権を与えられるべきだ。ここまで成功しているのだから，もっと尊重

---

10) Joseph S. Nye Jr., *Soft Power: The means to success in world politics*, Public Affairs, 2004, p. 5.
11) 胡錦濤「高挙中国特色社会主義偉大旗幟　為奪取全面建設小康社会新勝利而奮斗——在中国共
産党第十七次全国代表大会上的報告」2007 年 10 月 15 日。
12) シャンボー，前掲書，348 頁。

2. 中国の大国化   35

されてしかるべきだ」と論じている[13]。閻学通も,「中国の経済的な地位は上がったが,依然としてそれにふさわしい国際的な尊厳を得られていない」と不満を述べている[14]。

このように中国は,全体としての経済力では大国となり,軍事力でも大国となりつつあるが,ソフトパワーの有無という面では,依然として大国のレベルに達しているとは言えない。

中国の大国としての自己認識をみると,胡錦濤政権では,「大国外交」との表現をアメリカとロシアとの関係に限って使用してきた[15]。また,胡政権では「責任ある大国」としての外交が一つの重要なキーワードとなっていたが,これはあくまで「発展途上の社会主義大国」として,限定的に国際的な責任を負う,という内容であった[16]。

習近平政権になると,指導者自らが自国を「大国」と表現し,外交を展開するようになった。習近平国家主席は 2014 年 11 月末に,8 年ぶりに開かれた中央外事工作会議で,「中国は自己の特色ある大国外交を必ず行わなければならない」,「わが国の対外工作が,鮮明な中国の特色,中国の風格,中国の気概を備えるようにしなければならない」と語った[17]。「中国の特色ある大国外交」のフレーズが初めて公の場で用いられたのは,習近平の演説が行われる前の 2013 年 6 月,王毅の外相就任後初の演説においてだった。王外相は,「中国外交の特色とは,発展途上の国という国情に立脚し,社会主義理念の堅持に基づ

---

13) Wang Jisi and Kenneth G. Lieberthal, *"Addressing U.S.-China Strategic Distrust"*, The John L. Thornton China Center at Brookings, March 30, 2012.「中国はなぜ米国不信なのか　北京大学国際関係学院院長・王緝思さん」『朝日新聞』2012 年 10 月 5 日。

14) 「対米,習外交の針路は　清華大研究院院長・閻学通氏に聞く」『朝日新聞』2014 年 4 月 11 日。

15) 「大国外交」の実践をめぐって,1990 年代末に,中国の学者の間で「中国は大国外交を行うべき」との議論が盛り上がりを見せた。葉自成は中国の国家としての総合国力を引き上げる重要性を語った。この議論はいったん収まったが,2008 年末に金融危機が発生すると,中国の大国外交の方式,戦略など,実際の外交の中身が議論されるようになった。葉自成「21 世紀初的新形勢与中国大国外交戦略新概念」『国際政治研究』第 1 号,2000 年,24-36 頁。葉の議論は時期尚早との反論も出た。劉勝湘「中国実行大国外交戦略為時尚早――与葉自成商榷」『世界経済与政治』第 7 号,2000 年,76-80 頁。

16) 胡錦濤「高挙中国特色社会主義偉大旗幟為奪取全面建設小康社会新勝利而奮斗――在中国共産党第十七次全国代表大会上的報告」『人民日報』2007 年 10 月 15 日。

17) 新華社「習近平出席中央外事工作会議幷発表重要講話」2014 年 11 月 29 日。

き，中華民族の優秀な伝統に遡るものである。歴史上のかつての『大国』とは異なり平和的発展の道を歩む」と述べている[18]。そして，王毅外相は年末恒例の外相による外交総括においても，2013年，2015年に「中国の特色ある大国外交が全面的に推進された年である。中国の国際的影響力が全面的に拡大した」と総括している[19]。「中国の特色ある大国外交」は，習近平外交を表すのに重要なフレーズとなっている。

「中国の特色ある大国外交」の特徴について，李志永と袁正清は以下のように論じている。大国外交とは，中国が「被害者心理」から真に脱却し，外交に対する自信，自覚，自尊心を持つことであり，大国の地位にふさわしい大国責任を引き受けるようになることを言う。中華民族の偉大な復興という「中国の夢」を実現させると同時に，和諧世界の建設という世界の夢の実現を促進する。中国の特色ある大国外交は，これまでの伝統的な大国主義，強権政治という大国外交とは異なり，平和の道をもたらすものである[20]。

このように，習近平政権では自らを大国と捉えて外交を行うようになっている。こうした中国の指導者の大国意識は，国際機関外交や国際秩序への考え方にも表れているようだ。次節でそれぞれを見ていこう。

3. 大国化した中国の外交の変化

3.1 低姿勢から積極姿勢へ

中国の大国化は，中国外交にもさまざまな変化をもたらしている。中国の外

---

18) 新華社「探索中国特色大国外交之路——外交部部長王毅2013年6月27日在第二届世界和平論壇午餐会上的演講」2013年6月27日。

19) 人民日報「中国特色大国外交的成功実践」2013年12月19日。新華社「王毅：2015年是中国外交的全面推進之年」2016年1月6日。

20) このほか李と袁は，中国のGDPが世界第二位の経済規模となった2010年以降を大国外交のはじまりとし，大国外交の具体的な内容を以下のように述べた。①目標は，中国崛起（くっき）と中華民族の偉大な復興の実現，②国際システムを主導的に作り上げる，③大国としての責任を請け負う，④和諧世界の建設が理想的な目標である，⑤国家イメージの向上，⑥国際情勢にしたがってあらゆる外交手段を用いる。李志永・袁正清「大国外交的中国特色之論」『太平洋学報』Vol. 23, No. 2, 2015年2月，20-29頁。

3. 大国化した中国の外交の変化　　　37

交姿勢は，これまでの低姿勢から，積極的に主張し，発言するという姿勢に
徐々に変わっている。第1に，大国化した中国の対応変化に関連する「韜光養
晦，有所作為（能力を隠して力を蓄え，やるべきときにやる）」の外交方針をめ
ぐる中国国内の議論を取り上げよう。

「韜光養晦，有所作為」の外交方針は，1992年4月，鄧小平が天安門事件後の
西側諸国からの制裁に耐え，ソ連など社会主義国の崩壊の連鎖に巻き込まれな
いために発言したものとされる。特に，「韜光養晦」は1990年代に多用された。
江沢民政権に続き，2002年秋からの胡錦濤政権も，経済発展のため安定した国
際環境の獲得を重視する外交路線を打ち出し，「韜光養晦」の外交方針を継承し
た。中国は欧米諸国との摩擦を避け，海外から資金と技術の提供を受け，安い
労働力を活かして経済成長を続けた。

中国の経済成長が続き国際社会での影響力が増していくと，中国国内では
「韜光養晦」は時代遅れであるとの意見が出るようになった。2002年には，葉
自成が，「『韜光養晦』は鄧小平が特定の歴史環境のなかで提出した概念であり，
長期的な外交戦略とすることはできない」と論じた[21]。一方で呉建民や袁明ら
は，「『韜光養晦』は一種の戦略であり堅持すべきものである」と主張するな
ど[22]，「韜光養晦」の外交方針の維持をめぐって，2000年代前半に議論が盛り
上がりを見せた[23]。

その後，いったん論争は沈静化したが，2008年末に世界金融危機が起こると，
中国国内で中国の外交路線の見直しをめぐる議論が再燃した。2009年7月，5
年に1度開かれる世界の駐在大使を集めた第11回駐外使節会議において，胡
錦濤国家主席が「韜光養晦，有所作為」の低姿勢の外交方針に「堅持」，「積極」
の4文字を加え，「堅持韜光養晦，積極有所作為」と修正した[24]。ここで胡錦濤

---

21)　葉自成「関于韜光養晦和有所作為――再読中国的大国心態」『太平洋学報』第1期，2002年，62-
66頁。
22)　「解読中国外交思維」『瞭望新聞周刊』2004年3月15日。
23)　中国国内の議論をまとめた論文として，以下が詳しい。趙暁春「浅析有関『韜光養晦』戦略的論
争」『国際関係学院学報』第5期，2006年，24-27頁。
24)　中国網「《瞭望》文章：堅持韜光養晦，積極有所作為」2010年9月12日。

は「平和的発展」を掲げながらも，外交の最優先課題を「国家の主権と安全，発展の利益の擁護」とし，鄧小平の「経済建設」を最優先課題としていた路線と決別したのである[25]。

中国国内では胡錦濤発言の解釈をめぐり，意見がわれた。王逸舟は「韜光養晦」の方針堅持を主張し，「中国は国際問題でさらに積極的な役割を果たさなければいけない。この役割発揮が『積極』有所作為の増加分だが，『韜光養晦』を超えるものではない。中国は1人当たりの経済力はなお低く，科学技術や教育などでも先進国に劣る。中国の基本的な方向は覇権を唱えず，トップに立たないことだ。『韜光養晦』路線の放棄には賛成しない。放棄すれば隣国が不利益を被るだけでなく，中国自身にとっても得にならない」と論じた。一方で，閻学通は以下のように持論を述べた。「中国はもう『韜光養晦』を採用すべきではない。国内の経済建設を優先し，国際問題にかかわらないようにしたのが『韜光養晦』だった。しかし中国が世界第2の超大国になり，弊害は大きくなっている」[26]。

この後も論争は続いたが，2012年秋には，リベラルな発言の多い王緝思でさえも，「韜光養晦」はもはや中国の国益にそぐわないと発言し，国内の議論に終止符が打たれた。「現在，『韜光養晦』が使われるのは，アメリカに対する姿勢を言う場合に限られる。日本やインドとの関係，あるいは財政危機や気候変動といった課題をめぐって使う意味はどこにあるのか」[27]。

中国の国際機関外交においても，大国化につれて徐々に「韜光養晦」の低姿勢外交を抜け出し，積極的に国際的な事柄に関与し，自己主張を強めるという方向へ変わっているようである。

中国の外交姿勢の変化に関する議論の第2として，中国は国益の範囲を拡大し，海外権益の積極的な獲得に動いていることがある。ここで国益とは，政策

---

25) 清水美和「中国外交の09年転換とその背景」アジア経済研究所『中国・インドの台頭と東アジアの変容，研究会要旨』2011年9月8日。

26) 王と閻の議論ともに，「中国外交強硬融和の綱引き」『日本経済新聞』2011年1月13日。

27) 「中国はなぜ米国不信なのか 北京大学国際関係学院院長・王緝思さん」『朝日新聞』2012年10月5日。

決定者の個別的な志向を超えて，ある国家が現に追求し，または追及するべきとされる重要な価値をいう[28]。近年，中国はいわゆる「核心的利益」についてもその対象範囲を広げ，利益を積極的に追求する姿勢を見せている。

「核心的利益」とは，中国共産党と政府にとって「妥協する余地のない国益」を指し，国家主の尊重と領土保全を維持することで，台湾，チベット，ウイグルに限って使われてきた。しかし，2009年7月，「韜光養晦」の外交方針に変更が加えられた駐外使節会議直後の第1回米中戦略・経済対話において，胡錦濤の側近である戴秉国国務委員が，中国の核心的利益を新たに3つのカテゴリーに分けた。この3つとは，①国家の基本的制度と国家の安全擁護，②国家主権と領土保全，③経済社会の持続的発展であり，「核心的利益」の擁護が「中国外交の最大の目的」と表明した[29]。

2011年9月，中国国務院新聞弁公室が発表した白書，「中国の平和発展」は，核心的利益を，①国の主権と安全，領土保全と国家統一，②憲法に定めた政治制度，社会の安定，③経済社会の持続可能な発展，を含むものとして定義した[30]。そして，2012年10月には中国国家海洋局ウェブサイトで，劉賜貴局長が「南シナ海での権益保護はわが国の核心的利益に関わる」ことを強調する声明を公表し，南シナ海を中国の「核心的利益」の対象に加える可能性を示唆した[31]。

政府関係者が「核心的利益」の範囲とそこに含まれる要素の拡大をするようになった背景の一つとして，中国が大国になるにしたがって自国の利益の範囲をより拡大して捉える傾向が強まっていったことがあろう。政府は2002年の第16回共産党大会で「走出去（外に出る）」戦略を採用すると，多くの中国企

---

28) 中西寛「国益」『政治学事典』弘文堂，2000年，336頁。なお，閻学通は国益を以下のように論じている。国益とは国民国家すべての成員の物質的・精神的必要を満たすものである。国家利益には4要素，すなわち安全上の利益，経済面の利益，人権や主権など政治面の利益，文化的利益がある。1990年代の中国においては経済利益が主要な利益であった。閻学通『中国国家利益分析』天津人民出版社，1996年。

29) 新華社「戴秉国表示：中美双方要共同努力 落実対話成果」2009年7月29日。

30) 国務院新聞弁公室『中国的平和発展』2011年9月7日。

31) 「中国，南シナ海も『核心的利益』」『日本経済新聞』2012年10月27日。

業は海外での経済活動を活発化させた。中国政府，有識者の間で海外利益の確保は中国の経済発展にとって必要不可欠であり，守るべきものであるとの認識が強まっていった。

また，中国は13億人という世界一の人口を抱える人口大国である。人民の衣食住を満たすためにも，また経済発展を続けるためにも石油などのエネルギーや食料を海外から調達する必要がある。中国は，2000年代からアフリカ大陸や中央アジアの国家など，新たな市場を積極的に獲得してきた。共産党の指導者層には，エネルギーや食料の獲得がむずかしくなれば，中国共産党の体制維持に問題が生じるとの強い危機感がある。なかでも，近年は中国の海洋権益追求の動きが顕著で，中国は核心的利益に南シナ海など海洋権益を含める方向に動いているようである。

3.2 国際秩序への中国の対応の変遷

中国は大国化する前から，欧米主導の国際秩序に不満を抱いてきた。以下では，国際秩序への中国の対応の変遷を振り返っていこう。

1949年7月1日，中華人民共和国の建国直前，中国の政治指導者は「一辺倒」，すなわち中国はソ連が主導する社会主義の陣営に入り中間の道はない，という政策を採用した。1953年12月，周恩来がインド政府代表団と会見した際，中印関係を導く原則として「平和共存五原則」を提示した。平和共存五原則とは，①主権・領土の相互尊重，②相互不可侵，③相互内政不干渉，④平等互恵，⑤平和共存，である。内政不干渉や異なる政治体制の平和共存などは，国際社会での中国共産党政権の存続にとって最も重要な要件であり，五原則は現在に至るまで中国外交の最も重要な規準となっている。

1970年代に入ると中国は，アメリカとの関係改善に踏み切った。1971年10月25日，中国は台湾に代わり国連の代表権を「回復」した。中国は国際戦略を調整し，1974年2月，毛沢東が「三つの世界論」，すなわち国際社会は第一世界の米ソ，第二世界の先進国，第三世界の発展途上国から成り立っており，第一世界の米ソが他国を支配する最大の搾取者である，と語った。これは，1960年

3. 大国化した中国の外交の変化　　41

表 1-1　中国と日本，アメリカ，BRICs の国際機関への加盟数

	1966 年	1977 年	1986 年	1997 年	2000 年
中国	**1** **(58)**	**21** **(71)**	**32** **(403)**	**52** **(1,136)**	**50** **(1,275)**
日本	53 (636)	71 (878)	58 (1,222)	63 (2,019)	63 (2,122)
アメリカ合衆国	68 (847)	78 (1,106)	33 (804)	65 (2,490)	63 (2,685)
台湾 Taiwan-China	39 (182)	10 (239)	6 (419)	11 (908)	11 (1,008)
ブラジル	60 (547)	64 (764)	56 (1,066)	60 (1,690)	63 (1,830)
インド	57 (531)	65 (733)	58 (1,016)	61 (1,623)	59 (1,718)
ロシア（1989 年までソビエト連邦 USSR）	37 (295)	43 (433)	69 (646)	61 (1,462)	60 1,752

（注）数字の上段は国際機関，下段の（ ）は非政府間国際機関（INGO）の数字である。
（出典）*Yearbook of International Organizations 2000-2001*, Vol. 2, pp. 1468-1470 より筆者作成。

後半から国際的に語られてきた「従属論」，すなわち発展途上国は先進国に対して周辺に位置付けられており先進国に搾取され続けてきたが，両者の間の格差は解消されるべきとの議論を支持する内容であった。

　石油危機後の 1974 年 2 月に，国連資源特別総会が開催された。鄧小平は席上，「中国は発展途上国として第三世界に帰属し，第三世界のリーダーである」と明確に語り，「三つの世界論」を披露した。また，中国は，1970 年代に発展途上国が唱えた国際経済関係の変革を求める「新国際経済秩序」への賛同も表明した[32]。

　改革開放政策の採用以降，中国は国際機関への加盟を次々と行った。中国は，1980 年に IMF に，そして 1982 年には国連人権委員会に加盟した。表 1-1 にあるように，中国が加盟している政府間国際機関（IGO）の数は，1966 年には一つ

32）「中華人民共和国代表団団長 鄧小平在連大特別会議上的発言」『人民日報』1974 年 4 月 11 日。

しかなかったのが，1977年に21，そして1997年には52へと増加した。1989年6月に天安門事件が発生し，中国と欧米諸国との関係が悪化したが，落ち込む2国間関係の埋め合わせをするように，中国は国際機関での外交を活発化させた。

1992年10月の第14回中国共産党大会では，江沢民が国際新秩序の建設が重要であると述べ，新秩序の内容を以下のように語った。「歴史的経験と現実の情況に基づき，われわれは，主権と領土保全の相互尊重，相互不可侵，相互内政不干渉，平等互恵，平和共存などの原則の基礎の上に，平和，安定，公正，合理的な新国際秩序の建設を主張する。この新秩序は，平等互恵の新国際経済秩序の建設を含むものである」[33]。

中国が新国際秩序の建設を目指すという方針は，この後の1997年と2002年の党大会報告においても報告された。1997年9月の第15回共産党大会において江沢民が，「公正で合理的な新国際経済秩序の建設を推進する。これは平和共存五原則を基礎とし，国連憲章の目的と原則に符合するもので，平和と発展という時代の潮流を反映している」と報告した[34]。2002年の16回共産党大会において江沢民は，「不公正で不合理な国際政治経済の旧秩序は根本的に変わっていない。（略）われわれは公正で合理的な新国際政治経済秩序の建設を主張する」と，中国は新たな秩序建設を目指すと報告した[35]。

2007年11月の中国共産党第17回大会の胡錦濤報告からは，中国の「新秩序を建設する」という文言が消えた。代わりに「われわれは多国間の国際事務に積極的に参加し，（略）国際秩序が公正で合理的な方向に発展することを推進する」との表現が用いられた[36]。2012年11月，第18回党大会で胡錦濤は，「国際秩序と国際システムが公正で合理的な方向に発展することを推進する」と報

33）人民網「江沢民在中共十四大上的報告全文」2012年11月4日。
34）江沢民「高挙鄧小平理論偉大旗幟，把建設有中国特色社会主義事業全面推向二十一世紀——江沢民在中国共産党第十五次全国代表大会上的報告」1997年9月12日。
35）江沢民「全面建設小康社会，開創中国特色社会主義事業新局面——在中国共産党第十六次全国代表大会上的報告」2002年11月8日。
36）胡錦濤「高挙中国特色社会主義偉大旗幟　為奪取全面建設小康社会新勝利而奮斗——在中国共産党第十七次全国代表大会上的報告」2007年10月15日。

告した[37]。

「新秩序建設」の文言が党大会報告で使われなくなったことについて，劉建飛
は「中国の国際秩序への認識と対応は，より理性的，実務的なものへと変化し
ていった。今日では，欧米主導の国際秩序に正面から挑戦するということでは
なく，むしろそれをより公正で合理的なものにすることを目指すようになっ
た」と分析している[38]。

中国は，以前は新国際政治経済秩序の建設を主張し，真正面からアメリカ主
導の国際秩序に反対していた。中国が国際機関に加盟を進めた後も，基本的に
国際秩序への反対姿勢は変わらなかった。中国は 2007 年秋の党大会から「新
秩序建設」の文言を使わなくなった。しかし実際は，アメリカ主導の国際秩序
が中国にとって不公平である，との立場は以前から変わっていないのである。

中国は国際秩序を維持する装置である国際機関に対しても，アメリカ主導で
運営が行われているとの不満を持ち続けている。中国は近年，国際機関の多く
の高官ポストを中国に配分し，発言権を与えるべきとの不満を BRICS 会議な
どの場で繰り返し表明している。

一方の国際機関側は，中国を含む新興大国を国際機関の意思決定機関である
理事会のメンバーに加えたり，要職のポストを中国に分配するようになってい
る。実際，世界保健機関（WHO）事務局長には陳馮富珍（Margaret Chan）が就
任している（2007 年 1 月〜）。世界銀行の副総裁兼チーフエコノミストを林毅夫
が務めた（2008 年 2 月〜2012 年 9 月）。IMF の副専務理事を，元中国人民銀行副
総裁の朱民が務めた（2011 年 7 月〜2016 年 7 月）。朱民の後任には，中国人民銀
行副総裁の張涛が指名された。ほかにも，国連事務次長（経済社会問題局長）に
外交官の沙祖康（Sha Zukang）が就任した（2007 年 2 月〜2012 年 5 月）。しかし，
中国は中国へのポスト配分は不十分，と不満を抱えており，中国の国際機関に
対する要求と国際機関の改革の間には依然として隔たりがある。

---

37)　胡錦濤「堅定不移沿着中国特色社会主義道路前進 為全面建成小康社会而奮斗——在中国共産党
第十八次全国代表大会上的報告」2012 年 11 月 8 日。
38)　環球時報「劉建飛：中国追求什麼样的国際秩序」2016 年 4 月 1 日。

4. 対外政策の決定に関わるアクターの多元化

　ここからは，対外政策の決定に関わるアクターが多元化した経緯と，それが中国外交，国際機関外交の方向性にどのような影響を与えるかを見ていこう。中国の対外政策は，これまで中国共産党，国務院，人民解放軍の三者という一握りのリーダーが決定してきたが，毛沢東，鄧小平というカリスマ性のある指導者が退き，江沢民，胡錦濤政権となると，集団指導体制のもとで指導者間や省庁間で協議，合意を得るという多元的な決定構造へと変わった。さらに，改革開放政策以降，中国は急速な経済成長を続け，国内社会に経済力をつけた数多くの集団（アクター）が登場し，中国の政策形成にも参加するようになっている。

　これまでの研究で，2000 年代以降の中国の対外政策は，中国共産党，国務院，人民解放軍という伝統的な三者に加え，企業，地方政府，インターネット世論などのアクターが関わるようになっていることが明らかになっている。なかでも，近年大手国有企業と地方政府が「利益集団」となり，中国外交への関わりを強めているという。

　中国で利益集団の存在が政治的に認められたのは，1988 年にさかのぼる。1988 年 3 月の中国共産党 13 期中央委員会第 2 回全国大会（二中全会）において，趙紫陽総書記が活動報告で「社会主義制度のもとで，人民内部にはさまざまな利益集団の間に矛盾が存在している」と述べ[39]，すでに中国国内に利益集団が存在していることを明らかにした。しかし当時の利益集団は，社会に存在する利益の各主体を指し，こんにちのように対外政策へ関わるものではなかった。この後，中国が経済成長を続ける過程で，それぞれの利益集団が莫大な資金力を持つようになっていった。

　なかでも大手国有企業は，政府の優遇政策を享受し，中国の経済成長ととも

---

39)　「趙紫陽在十三届二中全会上作工作報告：談中央政治局四箇多月来的主要工作及今後進一歩貫徹十三大精神的思路和布局」『人民日報』1988 年 3 月 21 日。

に巨大な利益集団に成長し，中国の対外政策にも影響を与えるようになっている。政府の国有企業政策を振り返ると，1995年9月の14期五中全会において，「大規模国有企業をしっかりつかまえ（国が管理し），小規模国有企業は放任する（民営化するも可）」という「抓大放小」の方針を採択した。この方針は，独占権の付与や財政金融支援などの特別な政策の導入によって大型国有企業の活性化を進めると同時に，財政的に大きな負担になっていた中小の国有企業を手放すという内容であった。この後も政府は国の基幹産業で国有企業を優遇する政策を進めていった。2003年3月，国有資産管理委員会（SASAC）が設立されたが，これは国有企業の役員クラスの任命や国有企業に関する法令の起草などを行う国務院直属の機関である。2006年12月には，SASACが意見書を交付し，「軍事，電網・電力，石油石化，電信，石炭，航空輸送，船舶輸送の7業種は政府が『絶対的なコントロール』を有する産業である」と発表した[40]。SASACが監督する国有企業は「中央企業（中企）」と呼ばれ，2000年代に世界屈指の大企業に成長している。アメリカの経済誌『フォーチュン』の世界トップ500企業にも，石油，電信の中企が多く名を連ねるまでになった[41]。

　さらに，国有企業の上場によって国有企業の時価総額が膨れ上がり，大手国有企業の幹部は富豪となった。国有企業の幹部は退職後も党の高級幹部としての待遇を受けると同時に，党経済部門の高級幹部として金融，産業政策に強い発言権を持つ[42]。巨額の富を得た国有独占企業の幹部は，政治にも深く入り込んで特定の指導者へ働きかけたり，議論の場で抵抗し自らの利益を主張するなどの行動を通して，対外政策にも影響を与えるようになっている。

---

40)　2006年12月の意見書ではこのほか「設備製造，自動車，電子情報，建設，鉄鋼，有色金属，化学工業，資源探査・設計，科学技術の9業種は政府が『比較的強いコントロール』を有する産業である」と定められた。「国務院弁公庁轉発国資委関于推進国有資本調整和国有企業重組指導意見的通知（97号文件）」2006年12月5日。

41)　Fortune Web, http://money.cnn.com/magazines/fortune/global500/2012/full_list（2015年12月30日最終閲覧）。フォーチュン発表の世界のトップ企業500にランクインした中国企業は，2001年には6社だったのが，2012年7月発表分では73社にのぼり，日本の68社を抜いてアメリカの132社に次ぐ第2位となった。

42)　清水美和「『特殊利益集団』との闘いが焦点に」『外交』Vol. 2, 2010年，142頁。

46　　第1章　大国化がもたらした中国外交と中国国内の変化

　大手国有企業の幹部が政治の中枢に入っていることは，5年ごとに開かれる共産党大会の参加メンバーを見ても明らかである。2002年秋の中国共産党第16回党大会では，多元化したアクターを共産党に取り込むため，「三つの代表」が党規約に書き込まれ，起業家の入党が認められた。党大会では，企業家からは中央委員（198名）に2名，張慶偉（中国航天科技集団公司総経理）と李毅中（中国石油化学公司総経理兼董事長）が選ばれ，中央委員会候補委員（158名）にも15名が選ばれた[43]。

　2007年11月の第17回党大会では，中央の国有企業，金融機関，地方の国有企業の代表のなかから，中央委員（204名）に2名，候補委員（167名）に20名が選ばれた。中央委員には，16回党大会に引き続き張慶偉（中国商用飛機有限責任公司董事長），新たに康日新（中国核工業集団総経理）の2名が選ばれた[44]。

　2012年11月の第18回党大会では，2,270名のうち145名もの企業家が代表に選ばれ，党大会に参加した。また，企業家の党大会代表145名のうち，111人が国有企業と銀行金融系の企業の代表者で，34名が梁隠根（三一重工董事長）などの民間企業の代表者だった[45]。また，145名の企業家のうち，中央委員（205名）に7名，候補委員（187名）に11名が選ばれた。中央委員は2002年，2007年はそれぞれ2名だったのが，一気に5名増えて7名となった。中央委員の7名すべてが大手国有企業のトップで，蔣潔敏（中国石油天然気集団董事長，のちに収賄罪で起訴）などが入った[46]。また，石油閥といわれる張高麗が中央常務委

---

43)　新華社「中国共産党第十六届中央委員，中央候補委員，中紀委委員名単」2002年11月14日。
44)　新華社「中国共産党第十七届中央委員会委員名単」2007年10月21日。なお，張慶偉は2012年の18回党大会でも中央委員に選出されたが，一方の康日新は2010年11月に収賄罪で無期懲役刑となった。
45)　145名のうち，石油，電力，石炭，化学工業エネルギーの国有企業のトップは14名にのぼった。また，145名のうち金融機関の代表者は42名で，中国工商銀行，中国農業銀行，中国銀行，中国建設銀行の四大国有銀行のトップはすべて代表に選ばれている。
46)　中央委員7名の氏名と2012年11月当時の肩書きは以下の通り。馬興瑞（中国航天科技集団公司総経理），許達哲（中国航天科工集団公司総経理，党組書記），肖鋼（中国銀行股份有限公司董事長），張国清（中国兵器工業集団公司総経理，党組副書記），林左鳴（中国航空工業集団公司董事長），蔣洁敏（中国石油天然気集団公司董事長），楼継偉（中国投資有限責任公司董事長）。新華社「中国共産党第十八届中央委員会委員名単」2012年11月14日。中国起業家網「盤点十八届中央委員，候補委員及中紀委中的起業家」2012年11月15日。

員に入った。18回党大会では「海洋強国の建設」を目指す旨が報告されたが，王宜林（中国海洋石油総公司董事長）は党大会後に人民日報に論文を寄稿し「海洋石油が政府の海洋強国建設を推進する」との決意を語っている[47]。

　このように，中国の経済成長を支えてきた大手国有企業の代表者たちは，共産党の政策決定の中枢に多く入っている。また，16回党大会，17回党大会と連続で中央委員に選出された張慶偉は，中国航天科技集団公司のトップを務めた後に河北省長となり，また18回党大会で中央委員となった楼継偉は中国投資有限責任公司の董事長を務めたのちに財務部長に出世するなど，企業家から政治家へと転身する人物も多い。中国の大手国有企業の人事は国務院が掌握しており，中国の経済政策の決定と実行は大手国有企業と深く結びついている。

　国有独占企業が利益集団となり，中国外交に影響を与えていることについて，金燦栄は「なかでも石油産業の利益集団は，外交への影響力が比較的突出している」と論じている[48]。青山瑠妙は，中国の石油エネルギー輸送ルートの形成プロセスを例に挙げ，「国家戦略が形成される過程において，国有石油企業の提案は国家による財政面，外交面のバックアップを受け，そのまま現実の中央政策へと変身していく」と論じた[49]。

　地方政府もまた，中国の経済大国化の過程で経済力をつけた利益集団となり，なかでもアジア周辺外交の実際の担い手として利害を持ち，中国の対外政策に影響を与えるようになっている。地方政府はこれまで，地方政府間で競い合うように経済競争を繰り広げ，中国の経済大国化をけん引してきた。1990年代後半以降，地方政府は競うように外資企業を誘致して，省内に工場地帯やオフィスを設置し，利益を上げてきた。地方政府高官は，都市開発，高速道路の建設と維持，土地の売買などを行うことで巨額の経済的利益を得るようになり，地方政府と地方政府の高官らは早くから一種の利益集団となっている[50]。地方

---

47)　「中海油王宜林：海洋石油工業助推海洋強国建設」『人民日報』2012年12月25日。
48)　金燦栄「中国の対外戦略と日中関係」，『世界の中の中国 総合調査報告書』国立国会図書館，2011年，242-245頁。
49)　青山瑠妙『中国のアジア外交』東京大学出版会，2013年，255頁。
50)　財経網「鄧聿文：地方政府已成一个利益集団」2012年10月16日。

政府は，中央が決めた外交方針の具体的な担い手であるが，地方政府は自ら経済発展計画を作成し，中央政府の認可を得るべく働きかけを行っている。

　青山は地方政府が対外政策決定へ関わった例として海南省を取り上げ，「海洋主権が重視されていくプロセスで，中央政府の戦略を具現化した中央の政策には，各省庁や地方のそれまでの主張がそのまま組み入れられており，『地方政策の国家戦略化』，『各省庁の政策の国家戦略化』現象がみられる」と論じた[51]。

　人民解放軍もまた，強力な利益集団となっている。人民解放軍は「中国共産党の軍隊」であり，国務院や国会に当たる全国人民代表大会も軍に干渉することが難しい。軍は，経済最優先の鄧小平のもとで長く緊縮財政を受け入れてきたが，中国が経済大国となる過程で政府に財政的な余裕が生まれ，さらには，カリスマ性を持たない江沢民と胡錦濤が軍部の支持を取り付けようとするなかで，より多くの経済資源を獲得できるようになった[52]。清水美和によると，強力な「利益集団」と化した軍がナショナリズムを高めた民衆の支持を得ていることが対外強硬論を助長しており，海洋主権をめぐっては，一部の軍幹部が頻繁にテレビ番組に出演し，中国海軍の強硬姿勢を正当化する発言を繰り返す姿も見られ，それが民衆の支持の取り付けにもつながっている，という[53]。

　インターネット世論も中国外交の政策決定に重要な役割を果たすようになっている。中国でインターネットの利用者は 2000 年代に急速に増加し，2016 年6 月には 7.1 億人，普及率は 51.7％ に達した[54]。中国政府はインターネットの規制を厳しくしているが，日本に対する批判などは，ある程度許容している。同じく清水美和によると，「批判的な主張が許されるのは，例えば地方の末端幹部の汚職や共産党が宣伝に力を入れている『愛国主義』に関する言説に限られ

---

51)　青山，前掲書，207-278 頁。
52)　泉川泰博「パワーシフトの国内政治と変容する日中関係」『アジア回帰するアメリカ：外交安全保障政策の検証』NTT 出版，2013 年，154-175 頁。
53)　清水美和「対外強硬姿勢の国内政治：『中国人の夢』から『中国の夢』へ」，国分良成（編）『中国はいま』岩波新書，2011 年，15 頁。
54)　中国産業信息網「2016 年中国互聯網網民規模与網民結構状況分析」2016 年 9 月 7 日。

ている。民衆は言論統制への不満を解消するように『愛国情熱』をほとばしらせ『売国奴』を攻撃する。それは党・政府・軍内の強硬論に対する，またとない援護射撃になっている」という[55]。中国の政策決定者は，強硬論になびきやすいネット世論への配慮を欠かすことができなくなっている。実際，2005 年と2014 年に中国で起きた反日デモは，インターネット上に日本の政策を批判する書き込みが溢れ，全国各地で反日デモへの参加の呼びかけが行われ，デモの規模が拡大した。これは，中国国内のネット世論が，日中関係という外交問題にも大きな影響を与えていることを示す例と言える。

　ここまで論じたように，中国の対外政策は，トップリーダーが決める一元的な決定構造から，集団指導体制のもとで集団や省庁間の合意を得る形で決定が行われるようになっている。今後の中国外交の方向性について，毛里和子は以下のように論じている。「中国共産党統治集団内の分岐は，出身によるもの，地域によるもの，そして政策やイデオロギーによるもの（新左派／保守派／リベラル派）の３つが想定できる。しかしそれぞれが明確に派閥を形成するには至っていない。ただこの３つの分岐が交差して，それに利益集団の動きが絡んで特に派閥的な動きになることがある。特に注目されるのは国有企業，なかでも海洋資源や石油資本が自らの利益拡大のために政治的動くことが多いと思われる点である。この利益対立は，民営企業育成か国有企業保護か，穏健外交か資源のための積極覇権外交化の政策対立を生み出すことになる。また石油資本と人民解放軍が結び付くと厄介なことにある。これらを背景に遠くない将来，中共統治集団内に利益集団をもとにした明示的な派閥が形成される可能性が高い」[56]。

　毛里が論じるように，莫大な経済力をつけた利益集団は，政府の中枢に入り，また個人的なつながりを通して，自らの利益を対外政策にも反映させようとしているようだ。権威主義体制下にある中国においても，いまや集団間の合意に

---

55)　清水，前掲論文，2011 年，14 頁。
56)　毛里和子『21 世紀の中国政治・社会篇：共産党独裁を揺るがす格差と矛盾の構造』朝日新聞出版，2012 年，17 頁。

よって対外政策が決定されている。中国の国際機関外交や海洋政策の決定についても，党中央が最終的に政策の決定権を持つという形を保ちながらも，新たなアクターが政策に関わる空間は以前よりも広がっている。多元化したアクターが中国外交に及ぼす影響を考えることは，実は，中国の外交姿勢の変化の要因を考える上でも重要になっている。

　ここまでの第1章では，本研究の主要な概念である中国の大国化，大国化した中国外交の変化，そして対外政策に関わるアクターの多元化を考察した。第2章からは，事例研究を行うことで，序章で示した仮説が成り立つかを見ていこう。

第 2 章　中国の国連 PKO への積極参加

1. はじめに

　中国は改革開放政策の採用以降，国際機関へ次々と加盟した。鄧小平の「韜光養晦」（能力を隠して実力を備える：低姿勢外交）の方針のもと，国際機関において中国は欧米主導のルールを学習し，遵守するという姿勢をとってきた。中国が経済成長を続け大国になると，徐々に国際機関への関わりを強め，国際機関の意思決定に大きな影響を与えるようになっている。

　中国は国連安全保障理事会（以下，安保理）の常任理事国として大国の責任を負っているが，1990 年代までは安保理の主要な活動である国連平和維持活動（以下，国連 PKO）に貢献をほとんど行わず，消極的な姿勢をとってきた。中国は自国の国連 PKO の参加原則である伝統的 PKO の三原則，すなわち同意原則，中立原則，自衛以外の武力不行使原則に加えて，さらに国家主権の尊重および内政不干渉原則が重要であると繰り返し主張してきた。2000 年以降は，中国は国連 PKO に対し人的，財政的貢献を増やし，積極的関与へと姿勢を転換した。

　先行研究の多くは，国際機関が中国の外交政策に与える影響を重視し，中国は加盟を通し欧米式のルールや価値を受け入れ，外交政策を協調的なものへと変更させるかに関心を払ってきた[1]。中国の国連 PKO 政策についても，中国

---

1)　この視点に立つものに，アラスティア・ジョンストン（Alastair Iain Johnston）の研究がある。中国は包括的核実験禁止条約（CTBT）等の安全保障分野において，国際機関への参加によって概念や

の国連 PKO への積極参与は中国が国際的な人権概念を重視するという規範を受け入れた結果である[2]。中国は国連 PKO のルールを学習し認識を変化させた。国連側も国連 PKO 改革を行った。両者の相互作用の結果，中国は国連 PKO へ積極的に参加するようになった[3]。さらに，中国は国連 PKO の概念受け入れだけでなく，ダルフールの国連 PKO の展開においては規範の形成者となった，との議論が行われている[4]。

これらの議論はある程度説得力を持っている。しかし社会化のプロセスはいつの時代もある程度起こるものであり，2000 年代の中国の政策転換を説明するのはむずかしい。また国連 PKO の内容や性質が変わったということのみを持って，国家がコストや犠牲をともなう国連 PKO に対し積極的に関与するようになったと考えるのは困難である。国連は国益を重視する主権国家の集合体であり，現実の成功が期待できるのは加盟国の多数が自国の個別的利益に照らして有効とみなす部分に限られると考えられるからである[5]。このため，これらの議論に対しては中国の国益認識についての分析を加える必要があるものと考える。

中国の国連 PKO 政策の転換の要因を中国の国益認識という視角から論じる研究もある。松田康博は，中国における先行研究の言説を手掛かりに中国の国益を政治・軍事・経済領域における「ハードな国益」，国家イメージ向上などの「ソフトな国益」，理想主義的な「国際益」の 3 つに分け，中国の国連 PKO に対

習慣がかなりの程度社会化され，その結果他国と協調政策をとらざるをえなくなった，と論じた。Alastair Iain Johnston, *Social States : China in international institutions, 1980-2000*, Princeton University Press, 2008. この他主要な研究に以下がある。Mark Lanteigne, *China and International Institutions : alternate paths to global power*, Routledge, 2005. Ann Kent, *Beyond Compliance : China, international organizations, and global security*, Stanford University Press, 2007.

2)　Jing Chen, "Explaining the Change in China's Attitude toward UN Peacekeeping : a norm change perspective", *Journal of Contemporary China*, Vol. 18 (58), 2009, pp. 157-173.

3)　Stefan Stähle, "China's Shifting Attitude towards United Nations Peacekeeping Operations", *The China Quarterly*, Vol. 195, 2008, pp. 631-655.

4)　Nicola P. Contessi, "Multilateralism, Intervention and Norm Contestation : China's Stance on Darfur in the UN Security Council", *Security Dialogue*, 41, 2010, pp. 323-344.

5)　神谷万丈「国連と安全保障」防衛大学校安全保障学研究会編『安全保障学入門 第4版』亜紀書房，2009 年，284 頁。

する見解はハードな国益を動機として転換し，それを道義的言語で説明するようになった，と論じた[6]。たしかに，中国は大国となるにしたがい国益を広く捉えるようになっており，国際社会における地位やイメージの向上を獲得すべき国益として重視するようになっている。中国の国連 PKO への貢献も，「責任ある大国」というイメージの向上という国益から説明されることが増えている。

　さらに，中国の国連 PKO 政策の転換を考える際には，共産党指導部，関係する官僚機構等，国連 PKO 政策の決定に直接的に関わるアクターと，国内の有識者や世論など間接的に政策決定に影響を与えるアクターがいかに国連 PKO を認識し，貢献から得られる利益を捉えているかに一層の注意を払う必要がある。

　本章では，中国が 2000 年以降，国連 PKO に対し消極的関与から積極的関与へと対応を変えた方法，および変化の要因を分析する。以下，第 2 節では 1999 年までの国連 PKO に対する消極的な姿勢について，国連安保理における投票行動や中国の国連 PKO 参加原則などから論じる。第 3 節では，2000 年以降の積極関与への政策転換を，国連 PKO 新設議案に対する投票行動，国連安保理常任理事国との要員派遣数および予算分担率の比較，要員訓練のための国内制度の整備，台湾問題と関係する国連 PKO における姿勢の変化という諸側面から考察する。第 4 節では，主に中国国内の言説から政策転換の動機を探る。

2. 1999 年以前の国連 PKO に対する消極姿勢

2.1　1995 年以前の消極的関与

　国連 PKO の基本原則は，主要な紛争当事者の同意（同意原則），国連 PKO

---

6)　松田康博「中国の国連 PKO 政策——積極参与政策に転換した要因の分析」添谷芳秀編『現代中国外交の六十年：変化と持続』慶應義塾大学出版会，2011 年，283-305 頁。また，増田雅之は以下のように論じた。国連の権威と役割を強化するため中国は国連 PKO ミッションへの兵員・部隊派遣を通じ国連事務への関与を強めた。その後，中国が紛争解決や平和構築に向けた国際社会の合意形成プロセスに，具体的に関与することが求められるようになり，中国国内では概念構築が始まりつつある。増田雅之「中国の国連 PKO 政策と兵員・部隊派遣をめぐる文脈変遷——国際貢献・責任論の萌芽と政策展開」『防衛研究所紀要』第 13 巻第 2 号，2011 年，1-24 頁。

要員の活動の公平性の維持（中立原則），自衛以外の武力不行使原則の3つであり，伝統的な国連PKO三原則と呼ばれている。国連PKOは，国連憲章第6章の「紛争の平和的解決」と第7章「平和に対する脅威，平和の破壊および侵略行為に関する行動」の中間的性格を持つものとして，憲章第6章半の活動とも呼ばれている。冷戦期の国連PKOは国連PKO三原則に基づいた内容で「伝統的PKO」（または「第一世代PKO」）と呼ばれている。

毛沢東時代の中国は，朝鮮戦争でアメリカを中心とした朝鮮国連軍と実際に戦火を交えたこともあり，国連PKOを「アメリカ帝国主義の侵略手段」と批判し，敵視していた[7]。1971年10月，中国は台湾の中華民国に代わり国連の代表権を得た。1970年代には中東で3件の国連PKOミッションが新設されたが，中国はすべての議案を棄権し，国連PKO予算の分担金も支払わなかった[8]。

1978年以降，中国が改革開放政策を採用すると，国際機関への加盟を進め，国際社会との結びつきを深めていった。中国は国連PKOに対してもそれまでの立場を変更した。1981年12月，中国はキプロスの平和維持隊（UNIFICYP）拡張に関する議案に対し初めて賛成票を投じた[9]。1980年代には計3件の国連PKOミッションが新設されたが，中国はいずれに対しても賛成票を投じた。さらに，中国は国連PKO予算の分担金の支払いも開始した。

1984年10月，梁于藩国連大使は国連PKOについての七原則を発表した。七原則とは，①中国は国連憲章に合致する国連PKOを支持する，②必ず当事国の要請または同意を得る必要がある，③当事国は国連PKOに協力し問題の早期解決を図る，④国連PKOの任務は明確であるべきでいかなる国家や当事者も他国の内政を干渉してはならない，⑤国連PKOの権限は国連安保理に属する，⑥経費は公平に分担する，⑦国連PKO強化のためのガイドラインを定め措置をとる必要がある，という内容だった[10]。中国政府は，「国連PKOは伝

---

7) 「聯合国必須徹底改組」『人民日報』1965年6月26日。「聯合国的根本問題是要打破美国的控制」『人民日報』1965年11月19日。

8) Yin He, "China's Changing Policy on UN Peacekeeping Operation", *Asia Paper*, Sweden: Institute for Security and Development Policy, July 2007, p. 19.

9) UN Doc. S/RES/495, 14 December 1981.

統的な国連 PKO 原則に加え国家主権の尊重と内政不干渉原則が重要である」
との立場を明らかにした。1988 年 12 月には，国連平和維持活動特別委員会の
34 ヵ国目の委員となった[11]。冷戦期の国連 PKO は，中国が主張する参加原則
と基本的に一致する内容であったが，1948 年から 1988 年末までの 40 年間で
16 件の設置と少なく，活動は限定的で紛争の原因そのものを取り除くものでは
なかった。

　冷戦が終結すると，それまで国内問題とされていたことが新たに国際平和と
安全の問題として認識されるようになり，世界各地で内戦型の紛争が起こった。
国連 PKO は冷戦終結の前後から警察や文民部門を含み大型化し，「多機能型
PKO」（または「第二世代 PKO」）となった。多機能型 PKO の任務は，停戦監
視や兵力引き離しなどの伝統的な軍事的機能に加え，選挙の運営や監視，統治
機構の再建などに拡大した[12]。人員面では従来の軍事オブザーバーに加え，文
民警察官および各種専門家といった文民要員の需要が高まった。1989 年から
1994 年までの間に国連 PKO に計 19 件のミッションが新設されたが，目的と
内容から判断すると 19 件のうち伝統的 PKO は 7 件，多機能型 PKO は 10 件，
そして国連憲章第 7 章に基づき停戦合意が結ばれていない紛争に対して国連が
介入する「平和強制型 PKO」（または「第三世代 PKO」）が 2 件である。

　伝統的 PKO および多機能型 PKO の新設案に対しては，中国は特に意見を
述べることなく賛成票を投じた。1989 年 11 月から，中国は国連ナミビア独立
支援グループ（UNTAG）に初めて文民 20 名を派遣し[13]，以降，軍事オブザー
バーおよび文民による国連 PKO 要員の派遣に踏み切った。中国は 1989 年 6
月 4 日の天安門事件で国際的に孤立したが，状況打破のため，国連 PKO に対
しても協力的な姿勢で臨むようになったものと考えられる。

---

10)　「我代表賛成加強聯合国維持和平的能力」『人民日報』1984 年 10 月 17 日。
11)　謝益顕主編『中国当代外交史（1949-2009）第 3 版』中国青年出版社，2009 年，352 頁。
12)　永田博美「国連 PKO 改革の行方——ブラヒミ・レポートを中心として」『海外事情』49（3），
2001 年，70 頁。
13)　「我代表在聯大政治特委会上呼吁加強聯合国維持和平行動的作用　中国決定派員赴納参加援助団」
『人民日報』1989 年 11 月 2 日。

1992 年 2 月に国連カンボジア暫定機構（UNTAC）が設置されると，中国は47 名の軍事オブザーバーと 400 名の工兵部隊を派遣した。これは中国が初めて本格的に中国人民解放軍の部隊をミッションに派遣したものである[14]。背景には，中国はカンボジアと地理的に近く，政治的にも強いつながりを持っていたこと，中国がカンボジア和平における重要なアクターであったことが大きい[15]。

平和強制型 PKO は，旧ユーゴスラビアのボスニア・ヘルツェゴビナとアフリカのソマリアで行われた。1991 年から 2001 年までユーゴスラビア連邦解体の過程で内戦が継続し，国際社会が対応を迫られた[16]。1993 年 6 月，ボスニア・ヘルツェゴビナで内戦が激化すると，安保理で国連保護隊（UNPROFOR）のミッションに新たに武力行使を含む「必要な措置」をとるための権限を与える決議が行われた[17]。李肇星国連大使は賛成票を投じたものの，「人道主義の考えから賛成票を投じたが，憲章第 7 章の授権は問題を一層複雑化させることにつながり，和平の努力にもマイナスの結果を与えることになりかねない。よって中国は態度を保留せざるをえない」と憂慮を表明した[18]。また，ソマリアでは，1993 年 3 月に第 2 次国連ソマリア活動（UNOSOM II）の設置が決まったが，このミッションは強制権限を付与された内容であった[19]。中国代表は賛成票を投じたが，「憲章第 7 章の授権はあくまで特別な状況に鑑みた結果であり，今後の国連 PKO の先例となるべきでない」と意見を述べた[20]。

---

14) 「我国軍事工程大隊先遣隊启程赴柬埔寨」『人民日報』1992 年 4 月 17 日。
15) Miwa Hirono, "China's Charm Offensive and Peacekeeping: The Lessons of Cambodia — What Now for Sudan?", *International Peacekeeping*, Vol. 18 (3), 2011, pp. 328-343.
16) ユーゴスラビア連邦解体の過程で以下の内戦が起こり，国連は紛争解決にどこまで関与するか，対応を迫られた。内戦は 1991 年のスロベニア紛争（十日間戦争），1991〜95 年のクロアチア紛争，1992〜95 年のボスニア・ヘルツェゴビナ紛争，1996〜99 年のコソボ紛争，2001 年のマケドニア紛争と続いた。
17) UN Doc. S/RES/836, para.9, 4 June 1993.
18) 「安理会批准保護波黒安全区 我代表指出該臨時措置不能替代和平計劃」『人民日報』1993 年 6 月 6 日。
19) UN Doc. S/RES/814, para.5; UN Doc. S/25354, para.58, 3 Mar 1993.
20) 「安理会決定拡大駐索部隊任務 我代表指出最終依靠索人民解決問題」『人民日報』1993 年 3 月 28 日。

中国国内からも，強制力を強めた国連 PKO が展開されることに慎重論が続出した。黄仁偉は「国際社会の安全と国連加盟国の主権との間には深刻な矛盾が生まれている。少数の大国が国連 PKO を操り，戦略的目的を達成している現状に特別の注意を払う必要がある」と，警戒感をあらわにした[21]。

ボスニアとソマリアにおける平和強制の失敗を受け，1995 年 1 月，ガリ国連事務総長は『平和への課題の追補』を発表した。国連が PKO 拡大計画の失敗と構想の行き過ぎを認めたもので，国連加盟国の間で国連 PKO に対する失望感が広まった。同年 9 月の国連総会において，銭其琛外交部長は中国の新しい国連 PKO 五原則を発表した。新しい五原則とは，①国連憲章の主旨と原則を遵守し，特に国家主権と内政不干渉原則を尊重する，②平和的手段を通じた紛争解決を図り，すぐに強制手段をとるべきでない，③特定の国家が国連の名のもとに軍事干渉を行うことを許してはならない，④国連 PKO 活動はまず当事国の同意を取り付け自衛以外で軍事力の行使をしない，⑤条件が熟していないときは国連 PKO を行うべきでない，というものだった[22]。中国政府はあらためて国連 PKO が冷戦期の伝統的 PKO の基本原則に立ち返るべきであるとの主張を繰り返したのだった。

このように冷戦終結前後から 1995 年までの間，中国は徐々に国連 PKO に関与していったが，要員派遣数は少なく，財政貢献も最低限であった。中国は自国の国連 PKO 原則を繰り返し主張するものの，国際紛争の解決に向けて自ら主体的に関わることは，ほとんどなかった。

2.2 ユーゴスラビア紛争をめぐる欧米との対立

ボスニアとソマリアでの国連 PKO の失敗を受け，国際社会で国連 PKO に対する失望感が広まった。しかしその後も世界各地で紛争が起こり続けたため，国連は対応を迫られた。1995 年から 1999 年までの間に計 15 の国連 PKO ミッ

---

21) 黄仁偉「冷戦後連合国維和機制改革的影響及其与国家主権的冲突」『上海社会科学院学術季刊』第 4 期，1995 年，66-74 頁。

22) 「銭其琛在第五十届聯大発表講話 就維持聯合国憲章，維護行動原則，核不拡散，和平与発展等問題闡述中国政府立場」『人民日報』1995 年 9 月 28 日。

ションが新設されたが，うち7件は旧ユーゴスラビアの分離独立に関するものだった。以下で，中国のユーゴスラビア紛争への対応を見ていく。

中国はユーゴスラビア関連の国連PKO設置案7件のうち，6件のミッションに賛成し（ただしうち3件で内容を批判し態度を保留），1件を棄権した。安保理常任理事国の中国とロシアは，内政不干渉を主張し関与に消極的だった。一方でフランス，イギリス，アメリカは関与に積極的で，両者の主張が対立した。

1995年3月，国連クロアチア信頼回復活動（UNCRO）と国連予防展開隊（UNPREDEP）の2つの国連PKOの新設が決まった。王学賢国連大使は賛成票を投じたが，「中国代表は国連憲章第7章の援用，強制行動の採用，平和維持活動における武力使用に対し意見を保留する」と内容を批判した[23]。1996年1月，国連ボスニア・ヘルツェゴビナ・ミッション（UNMIBH）の新設が決まった際も，秦華孫国連大使は賛成票を投じたが，「現状では国連憲章第7章の授権は必要なく，中国は決議草案に意見を保留する」と不満を表明した[24]。

コソボ紛争への対応をめぐってはアメリカと中国の対立が先鋭化した。旧ユーゴスラビアのコソボ自治州では，多数派のアルバニア系住民と少数派のセルビア系住民との対立が深刻化し，1999年2月に和平交渉が決裂した。同年3月24日からNATO軍はコソボにおける人道的危機が深まったとして，コソボを含むセルビア全域の軍事目標および経済インフラに対し空爆による攻撃を開始した。空爆直後の3月26日，ロシアが空爆を停止すべきとの安保理決議案を提出した。中国とロシアは，NATO軍による空爆停止に賛成票を投じたが，賛成3票（中国，ロシア，ナミビア），反対12票という大差で否決された。中国は「国連安保理の授権が必要である」との主張を繰り返したが[25]，NATO軍による空爆を停止させることはできなかった。

同年5月，NATO軍がベオグラードの中国大使館を「誤爆」し3名の死者が

---

23) UN Doc. S/PV.3512, 31 March 1995, p. 48.

24) UN Doc. S/PV.3619, 15 January 1996.

25) UN Doc. S/PV.3989, 26 March 1999. UN Press Release, SC/6659.

2. 1999年以前の国連PKOに対する消極姿勢   59

出た。中国はこれを意図的な爆撃であると解釈し，強い反発を見せた。江沢民国家主席は「アメリカの覇権主義，強権政治，内政干渉に強く反対する。その上で中国は平和五原則を外交の基礎とし，国家主権と安全を維持していく」とアメリカの行動を強く非難した[26]。同年6月，国連コソボ暫定行政ミッション（UNMIK）の新設が決まったが，沈国放国連大使はこれまでの条件付き賛成票から一歩踏み込み，棄権票を投じた。その際，「国連憲章第7章の援用は制限されるべきである」と棄権の理由を述べた[27]。

　中国の強い反発は，NATO軍による軍事行動の批判にとどまらず，国連の権威失墜を危惧する内容へと発展した。葉自成は，NATO軍による空爆は国際社会が広く認める内政不干渉原則への深刻な挑戦であり国連の権威を大きく傷つけるものである，と非難した[28]。銭文榮は，国連以外の国際機関や地域機構が世界の紛争解決を担う可能性もある。国連の紛争解決能力を強化すべき，と繰り返し訴えた[29]。

　このように，1990年代後半に国連が旧ユーゴスラビア紛争の解決にどこまで関わるかをめぐり，欧米と中国，ロシアの間で意見が対立した。最終的には，NATO主導の軍事行動が行われた。中国は安保理常任理事国で拒否権を有しており，国際紛争の解決において国連が主導的な役割を果たすことが重要であった。このため，中国国内で，国連の国際紛争の解決における権威失墜を危惧する声が高まった。

---

26)　「嚴厲譴責以国為首的北約襲撃中国大使館」『人民日報』1999年5月14日。
27)　UN Doc. S/PV.4011, 10 June 1999.
28)　葉自成「北約新戦略対国際政治格局的影響」『中国特色社会主義研究』第3期，1999年，39-42頁。
29)　銭文榮「連合国面臨被辺縁化的危険」『国際問題研究』第4期，1999年，9-10頁。銭文榮「連合国向何儿去」『国際経済評論』第5期，1999年，39-42頁。

3. 2000年以降の積極的関与への転換

3.1 投票行動

　2000年3月，ガリの後任のアナン国連事務総長は国連平和維持活動検討パネルを設置し，同年8月に国連PKO改革を主な内容とする報告書『ブラヒミ・リポート』を発表した。リポートは，国連PKOは同意原則，公平原則，自衛以外の武力不行使が基本原則であることを確認し，同時に自衛力の強化を勧告した。また，国連PKOは内戦型紛争に対処する上で平和維持活動と平和構築を一体として実施することが不可欠であると強調した[30]。『ブラヒミ・リポート』発表後，国連PKOは再び活性化し，活動内容も変化した。リポート発表後に新設された国連PKOのほぼすべてが，紛争の再発防止のための軍事的措置と平和構築のための幅広い文民分野の活動を含んでいる。またこれら活動は国連憲章7章を授権され，任務の遂行，要員・現地人の保護のための武力行使を認められている（「第四世代PKO」と呼ばれる）。

　表2-1は，1999年10月から2012年12月までの，中国の国連PKO新設案に対する投票行動と要員派遣をまとめたものである。中国はコソボ紛争後の1999年秋から，国連PKOミッションのすべてに賛成を表明するようになった。1999年10月25日，安保理で新たに国連東ティモール支援団（UNTAET）設立の安保理決議が採択された。これは治安維持や人道支援の実施，公共サービスおよび政府機構の設立支援など，国そのものを作り上げるという，内政不干渉の原則と相反する内容であった。しかし中国は賛成票を投じ，意見を述べることもなかった。

　その後，コンゴ民主共和国，コートジボワール，リベリア，ハイチ，ブルンジ，スーダン，スーダン西部のダルフール地方，中央アフリカ・チャド，スーダンのアビエ地区，南スーダン共和国，シリアに対し国連PKOのミッション

---

30) "Report of the Panel on United Nations Peace Operations", UN Doc. A/55/305-S/2000/809; henceforth, 'Brahimi Report'.

3. 2000 年以降の積極的関与への転換　　　　　　　61

表 2-1　中国の国連 PKO 新設決議の投票行動と要員派遣（1999 年 10 月〜2012 年 12 月）

	名称	期間	派遣地域	目的	国連憲章第7章の援用	中国の投票行動/意見の有無	中国の要員派遣（派遣期間）
1	国連東ティモール暫定行政機構（UNTAET）	S/RES/1272（1999年10月25日）1999年10月〜2002年5月	アジア	立法・行政・司法のすべての分野での統治（多国籍軍 INTERFET から任務引き継ぎ。のちに UNMISET に改編。	多機能型PKO	賛成（全会一致）	文警49名（2000年1月〜2006年7月）
2	国連コンゴ（民）ミッション（MONUC）	S/RES/1279（1999年11月30日）1999年11月〜2010年7月	アフリカ	停戦合意の監視，人道援助，要員の安全と移動の自由確保，市民保護（2010 年 7 月 MONUSCO へ）	第 7 章適用②複合型PKO	賛成（全会一致）	軍オ 116 名，部隊2,180（2001年4月〜2010年6月）
3	国連東ティモール支援団（UNMISET）	S/RES/1410（2002年5月17日）2002年5月〜2005年5月	アジア	UNTAET の後継治安維持，安全及び安定のための支援	第 7 章援用	賛成（全会一致）	文警49名（2000年1月〜2006年7月）
4	国連コートジボワール・ミッション（MINUCI）	S/RES/1479（2003年5月13日）2003年3月〜2004年4月	アフリカ	合意実施の促進，仏軍及び ECOWAS 軍の活動補完（2004 年 4 月 UNOCI へ改編）	第 7 章援用	賛成（全会一致）	
5	国連リベリア・ミッション（UNMIL）	S/RES/1509（2003年9月19日）2003年9月〜現在	アフリカ	停戦合意履行の支援，文民保護，人道援助	第 7 章援用	賛成（全会一致）	軍オ 98 名，部隊7,812 名，文警83名（2003 年 10 月〜）
6	国連コートジボワール活動（UNOCI）	S/RES/1528（2004年2月27日）2004年4月〜現在	アフリカ	MINUCI の後継，停戦監視，武装解除，和平プロセス履行支援，法と秩序の再確立支援	第 7 章援用	賛成（全会一致）	軍オ 58 名（2004年3月〜）
7	国連ハイチ安定化ミッション（MINUSTAH）	S/RES/1542（2004年6月1日）2004年6月〜現在	中米	暫定政府，警察への援助，治安維持，人道支援等	第 7 章援用	賛成（全会一致）	文警916名（2004年5月〜）
8	国連ブルンジ活動（ONUB）	S/RES/1545（2004年5月21日）2004 年 6 月〜2006年12月	アフリカ	停戦監視，武装解除及び動員解除の実施，治安維持	第 7 章援用	賛成（全会一致）	軍オ 6 名（2004年6月〜2006年9月）
9	国連スーダンミッション（UNMIS）	S/RES/1590（2005年3月24日）2005 年 3 月〜2011月9日	アフリカ	包括和平合意の履行支援，人権保護	第 7 章援用	賛成（全会一致）	軍オ 135 名，部隊3,480 名，文警47名（2005年4月〜2011年7月）

表 2-1 中国の国連 PKO 新設決議の投票行動と要員派遣 （1999 年 10 月〜2012 年 12 月）

10	国連東ティモール統合ミッション（UNMIT）	S/RES/1704 （2006年8月25日）2006 年 8 月〜2012年 12 月	アジア	治安維持，2007 年の大統領選挙・総選挙実施，軍の訓練	援用なし	賛成（全会一致）	軍オ 15 名，文警 30名（2006 年 10 月〜2012 年 11 月）
11	ダルフール AU国連合同ミッション（UNAMID）	S/RES/1769 （2007年7月31日）2007 年 7 月〜現在	アフリカ	ダルフールの人道援助，停戦合意の履行監視，国境監視	第 7 章援用	賛成（全会一致）	軍オ 42 名，部隊2,205 名（2007 年 11 月〜）
12	国連中央アフリカ・チャド・ミッション（MINUR-CAT）	S/RES/1778 （2007年9月25日）2007 年 9 月〜2010年 10 月	アフリカ	EU が部隊（EUFOR）を派遣し PKO と連携治安維持及び文民保，人権と法の支配促進	第 7 章援用（※注）	賛成（全会一致）	―
13	国連コンゴ（民）安定化ミッション（MONUSCO）	S/RES/1925 （2010年5月28日）2010 年 7 月〜現在	アフリカ	MONUC の後継治安維持，政府の支援規模は単一の PKO として最大	第 7 章援用	賛成（全会一致）	軍オ 47 名，部隊1,090 名（2010 年 7 月〜）
14	国連アビエ暫定治安部隊（UNI-SFA）	S/RES/1990 （2011年6月27日）2011 年 6 月〜現在	アフリカ	アビエは南北スーダンが帰属を争う国境地帯国内避難民支援，治安維持	第 7 章援用	賛成（全会一致）	軍オ 2 名（2011 年 7 月〜2011年 10 月）
15	国連南スーダン共和国ミッション（UNMISS）	S/RES/1996 （2011年7月8日）2011 年 7 月〜現在	アフリカ	新規独立の南スーダンの治安維持及び施設整備	第 7 章援用	賛成（全会一致）	軍オ 13 名，部隊676 名，文警 14 名（2011 年 7 月〜）
16	国連シリア監視団（UNSMIS）	S/RES/2043 （2012年4月21日）2012 年 4 月〜2012年 8 月	中東	シリア騒乱全当事者の暴力停止の監視非武装の軍事要員で構成	第 7 章援用	賛成（全会一致）	軍オ 9 名（2012 年 4 月〜2012年 8 月）

（注） 国連中央アフリカ・チャド・ミッション（MINURCAT）には国連憲章第 7 章は援用されていないが，同時に展開している EU オペレーション活動に援用されている。

（注） なお，軍オとは軍事オブザーバーを，文警とは文民警察官をさす。

（出所） 以下の資料より筆者作成。United Nations Peacekeeping, "Past Peacekeeping operations", United Nations Peacekeeping, "Current peacekeeping operations", United Nations Security Council, "Voting Records", （最終閲覧 2013 年 12 月 1 日）。中国軍の派遣要員数（部隊と軍事オブザーバー）は，中華人民共和国国務院報道弁公室「付録：中国軍隊参加連合国維持和平行動状況」『2013 中国的国防』2013 年 4 月 16 日（2012 年 12 月 31 日までの延べ人数）。中国公安の派遣要員（文民警察）は，松田康博「中国の国連 PKO 政策―積極参与政策に転換した要因の分析」添谷芳秀編『現代中国外交の六十年：変化と持続』慶應義塾大学出版会，2011 年，290 頁（2008 年 11 月 30 日現在の延べ人数）。

が新設された。2000年以降の国連 PKO ミッションのほとんどは国連憲章第 7 章が授権された活動内容であったが，中国はすべての議案に賛成票を投じた。

1990年代まで中国は，国連 PKO 議案に棄権票を投じたり，賛成票を投じるものの内容に反対意見を述べることがあった。1999年10月以降は，中国の国連 PKO 参加原則と相反する内容のミッションに対しても，意見を述べることなくすべてに賛成票を投じている。これは中国が，投票行動において国連 PKO 支持の姿勢を明確にした結果と見ることができよう。

3.2 要員派遣数と予算分担率の増加

本節では，中国と他の国連加盟国との比較を行うことで，2000年以降の中国の国連 PKO 政策の変化を検証する。図 2-1 は，安保理常任理事国の 2000 年から 2015 年までの要員派遣者数を比較したものである。中国，アメリカ，イギリス，フランス，ロシアの安保理常任理事国 5 ヵ国は歴史的，政治的，経済的な違いが大きいが，安保理において拒否権を有しており国連が国際紛争にどの程度関わるのかを決める大きな権限と影響力を有している。このため，本研究では比較の対象として選択した。

国連 PKO は 2000 年代に入りアフリカで大規模なミッションが設置されたことから，2004年12月時点で，世界各地で 17 のミッションが展開され，派遣要員の総数は 6 万 4,720 人にのぼった。これは前年 12 月の 1.4 倍の数である[31]。中国はアフリカの大規模ミッションに人民解放軍の部隊を順次派遣した。2003年4月からコンゴ民主共和国に，同年 12 月からリベリアに，そして 2005 年以降はスーダンに大規模な部隊を派遣している。その結果，中国は 2004 年，2005 年，そして 2009 年以降ずっと，安保理常任理事国のなかで最大の要員派遣国となっている。2000年代半ばから，中国政府は後述するように大量の資金を投入し要員訓練施設を整備し，大規模な要員派遣を行っている。

表 2-2 は，国連 PKO 予算の分担率の推移である。国連加盟国は国連の通常

---

31) United Nations Department of Peacekeeping operations, Missions detailed by country (2003, 2004 年 12 月 31 日時点).

図 2-1 安保理常任理事国の国連 PKO 要員の派遣数（2000〜2015 年）

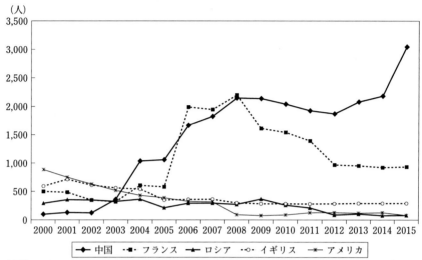

（出所）United Nations Department of Peacekeeping operations, "Monthly Summary of Contributions（Police, military Experts on Mission and Troops）（各年 12 月 31 日時点）より筆者作成。

表 2-2 国連 PKO 予算分担率の推移

（単位：%）

順位	2007 年度		2010 年度		2013 年度		2016 年度	
1	アメリカ	26.0864	アメリカ	27.1743	アメリカ	28.3835	アメリカ	28.5738
2	日本	16.6240	日本	12.5300	日本	10.8330	**中国**	**10.2879**
3	ドイツ	8.5770	イギリス	8.1572	フランス	7.2159	日本	9.6800
4	イギリス	7.8757	ドイツ	8.0180	ドイツ	7.1410	ドイツ	6.3890
5	フランス	7.4714	フランス	7.5631	イギリス	6.6817	フランス	6.3109
6	イタリア	5.0790	イタリア	4.9990	**中国**	6.6417	イギリス	5.7966
7	**中国**	**3.1624**	**中国**	**3.9390**	イタリア	4.4480	ロシア	4.0107
8	スペイン	2.9680	カナダ	3.2070	ロシア	3.1454	イタリア	3.7480
9	カナダ	2.9770	スペイン	3.1770	カナダ	2.9840	カナダ	2.9210
10	韓国	1.9557	韓国	2.2600	スペイン	2.9730	スペイン	2.4430

（出所）UN Doc. A/61/139/Add.1, 27 December 2006, UN Doc. A/64/220/Add/1, 31 December 2009, UN Doc. A/67/224/Add.1, 27 December 2012, UN Doc. A/70/331/Add.1, 28 December 2015 より筆者作成。

予算のほか，国連 PKO 予算を負担する。1990 年代までは，中国は途上国としての減免措置を受け，国連 PKO 予算分担率は全体の 1% にも満たなかったが[32]，2000 年以降は経済成長にあわせ徐々に引き上げられていった。2010 年度の分担率は 3.93% となり，アメリカ，日本，イギリス，ドイツ，フランス，イタリアに次ぐ第 7 位となった。

しかしながらこの分担率も発展途上国としての減免措置を受けたものであった。これまで中国は，1 人当たり GDP は依然低く，依然として援助の対象国であると，減免措置を正当化していたが，各国からの GDP の大きさに対する支出金が少ないとの対中批判は収まらなかった。その後，2013 年度から中国の PKO 予算分担率は 6.6417% に引き上げられ，イタリアを抜いて第 6 位となった[33]。そしてついに，2016 年度には中国の国連 PKO 予算の分担率は，アメリカに次ぐ第 2 位の 10.2879% に引き上げられた。国連 PKO 予算の財政負担では，依然としてアメリカの割合が大きいが，中国は徐々に国力に応じた財政貢献を行うようになっている。

各国の国連 PKO への貢献の方法はさまざまであり，先進国は多額の国連 PKO 予算を分担するが要員派遣数は少なく，ミッションの指揮官など重要ポストの獲得を重視する傾向が強い。一方，途上国は多くの要員派遣を行うが，国連 PKO 予算の分担は少ない。中国は世界一の人口大国として豊富な人材を抱え，また経済成長により国連 PKO 予算の分担で貢献を行うだけの財力を持つようになった。2000 年半ば以降に，これが形となってあらわれたと言える。

中国の貢献に対し，国連事務総長をはじめとする国連関係者は，「国連 PKO の強化につながる」と繰り返し高く評価している[34]。国連からの評価の高さは，中国人の国連 PKO ミッションの指揮官任命という形でもあらわれている。

---

32) Samuel S. Kim, "China and the United Nations", in Elizabeth Economy and Michel Oksenberg eds., *China Joins the World: progress and prospects*, Council on Foreign Relations Press, 1999, pp. 68-69.

33) 2013 年度から安保理常任理事国の国連 PKO 予算分担率は「国際の平和と安全に特別の責任を有する国」として割増された。中国の分担率は 2012 年の 3.93% で第 7 位から，2013 年は 6.64% の第 6 位となった。日本外務省ホームページ「2012〜2014 年国連平和維持活動予算分担率」（2014 年 1 月 20 日閲覧）。

34) 「中国維和行動完成出色 備受各界賛誉」『人民日報』2010 年 4 月 2 日。

2007 年 8 月，国連は人民解放軍の趙京民少将を中国人で初めて国連西サハラ住民投票監視団（MINURSO）の軍司令官（Force Commander）に任命した[35]。また 2011 年 2 月，国連は劉超少将を国連キプロス平和維持軍（UNFICYP）の軍司令官に任命した[36]。

中国の国連 PKO 要員は主に医療やインフラ整備のための土木工事など後方支援が中心である。しかし趙氏と劉氏の指揮官への任命は，中国部隊の任務が徐々に主要機能へと変化していることを示している。今後も中国の国連 PKO への関わりが強まるにつれて，国連の中国人の高位ポストへの任命も増えていくだろう。

3.3　要員の大量派遣と国内制度の整備

図 2-2 のように，中国は 2000 年代に国連 PKO へ大量に要員を派遣するようになった。要員派遣の中心は人民解放軍の部隊である[37]。2013 年版の国防白書によると，2012 年末時点までに部隊計 2 万 1,440 名，軍事オブザーバー 1,485 名が国連 PKO に参加した[38]。なかでもリベリアには，2003 年 9 月から 2012 年末までで 7,812 名もの兵員を派遣した。

中国政府は要員の大規模派遣に踏み切る前に，要員の訓練施設を新設するなどさまざまな準備を行った。2002 年 1 月，中国政府は 1997 年にすでに申請を行っていた国連待機制度（UNSAS）への参加を正式決定し，レベル 1 に登録した[39]。同年 12 月，国防部に要員を管理するための部署として平和維持弁公室を新設した。2003 年末には国務院と中央軍事委員会が，国連 PKO の要員訓練

---

35)　新華社「中国首次聯合国維和部隊高級指揮官趙京民少将赴任」2007 年 9 月 8 日。

36)　UN Doc. SG/A/1276, 13 January 2011.

37)　2000 年以前に軍が兵員を派遣したのは 1991 年 12 月から 1993 年 9 月のカンボジアへの 800 名の派遣のみである。

38)　中華人民共和国国務院報道弁公室『2013 年中国的国防』2013 年 4 月 16 日。

39)　国連待機制度（UNSAS）には 3 つの登録レベルがある。レベル 1 は提供可能な要員の種類，数のリストを提出，レベル 2 は運用や後方の要員の種類，数等に関する詳細な計画資料を提出，レベル 3 は国連との派遣に関する了解覚書（MOU）の交換である。2010 年末には 88 ヵ国が登録しており，中国は日本と同様最も低いレベル 1 に登録している。日本外務省ホームページ「国連待機制度」（2013 年 8 月 30 日閲覧）。

3. 2000年以降の積極的関与への転換

図 2-2　中国の国連 PKO 要員の派遣数（1990～2015 年）

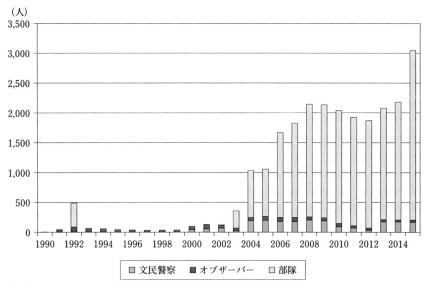

（出所）　United Nations Department of Peacekeeping operations, "Monthly Summary of Contributions (Police, military Experts on Mission and Troops)（各年 12 月 31 日時点）より筆者作成。

のための軍機関として国防部平和維持センターの設置案を批准し，2009 年 6 月に国防部平和維持センターが北京市郊外の懐柔に完成した。センターは総面積約 1.6 万平方メートルで，約 2 億元の投資により完成し，作戦指揮の模擬訓練や英語研修などを行っている[40]。同年 11 月には，国連や EU など 6 つの国際機関，地域機構，21 の政府，軍代表者が参加する大規模な国際シンポジウムを開催した[41]。中国軍は同施設を拠点に，自ら国連 PKO に関わる国際会議を主催し，ホスト役としてとりまとめを行うようになっている。

公安部も 2000 年以降，国連 PKO に要員を派遣している。文民警察官は現地警察の監督，訓練などを行い，現地の治安改善に重要な役割を果たすものとし

---

40) 「国防部維和中心挂牌　加強維和人員培訓」『解放軍報』2009 年 6 月 26 日。
41) 中国国防部ホームページ「2009 北京国際維和研討会」2009 年 11 月 23 日（2013 年 12 月 20 日閲覧）。

て，その役割が重視されている[42]。2000 年 1 月，公安部は初めて文民警察官 15 名を東ティモールに派遣した。以降，公安部は文民警察官を計 8 つのミッション，ボスニア・ヘルツェゴビナ（UNMIBH），エチオピア（UNMEE），アフガニスタン（UNAMA），コソボ（UNMIK），ハイチ（MINUSTAH），スーダン（UNMIS），東ティモール（UNMIT），南スーダン共和国（UNMISS）に派遣している。

なかでもハイチには，2004 年から 2010 年までに最も多い計 1,004 名を派遣した[43]。ハイチは台湾と国交を樹立しており，中国と外交関係がない。2004 年には，公安部はハイチに初めて武装警察隊（Formed Police Unit）125 名を派遣した。武装警察隊は銃携帯の権限が認められ群衆の突発的暴動やデモ発生時の対応やパトロールを任務としており，これまでの要員派遣から一歩踏み込んだものとして注目を集めた。中国はハイチに対し，国連 PKO という手段を用い，新たに国交を結ぶための働きかけを行っていると見ることもできよう。

公安部は，要員派遣に先立ち 2000 年 8 月に平和維持活動訓練センターを河北省廊坊の中国人民武装警察部隊学院内に新設した。訓練センターは 2 万平方メートルの広大な敷地の中に校舎，体育館，訓練場，プールなど訓練施設を備えており，国連 PKO への派遣前に必要な知識の習得，語学研修，および治安維持のための実技訓練などを行っている[44]。このように中国は，大量の資金を投入し国内の訓練制度を整え，2000 年代半ばからの大規模な国連 PKO 要員派遣に備えた。

3.4 台湾問題

中国は台湾問題に関わる国連 PKO に対しても，1990 年代と 2000 年代で対応を変えた。中国はこれまで国連における代表権を，中国が国際社会における唯一の正当政府であるとの国際的な根拠としてきた。1990 年代後半，中国は台湾と外交関係を持つ国における国連 PKO の新設とミッション延長について 2

---

42) 文民警察官とは軍事警察官との区別を明確にするための用語で，任務は限定されており逮捕など法執行業務には従事しない。

43) 新華社「中国首支赴利比里亜維和警察防暴隊启程赴任務区」2013 年 10 月 22 日。

44) 新華社「和平之剣這様鋳成——中国維和警察培訓選抜全記録」2010 年 2 月 7 日。

3. 2000 年以降の積極的関与への転換   69

回拒否権を行使した。1997 年 1 月，中国はグアテマラへの軍事オブザーバー派遣案に対して拒否権を行使し，廃案とした。秦華孫国連大使は安保理で，「グアテマラ政府は台湾当局者を和平協定の調印式に招待した。台湾問題は中国の国家主権に関わる重要な問題で，内政問題であり他国の干渉は受けない」と明確に拒否権行使の理由が台湾問題であると述べた[45]。

1999 年 2 月には，中国は旧ユーゴスラビアのマケドニアに配備した国連予防展開軍（UNPREDEP）の駐留期限を半年間延長する議案に対し拒否権を行使した。マケドニアは中国との外交関係を絶ち台湾との外交関係を樹立したばかりだった[46]。秦華孫国連大使は，「国連 PKO ミッションはすでに目的を果たしている」と述べるにとどまった[47]。しかし，拒否権行使の背景に台湾問題があることは明らかだった。ほかにも，1998 年 11 月に台湾と国交を持つハイチにおける国連警察部隊（MIPONUH）を 1 年延長する決議が 13 ヵ国の賛成で採択されたが，中国はロシアとともに棄権した[48]。

2000 年代に入ると，中国の対応に変化が見られた。2004 年 6 月，中国は国連ハイチ安定化ミッション（MINUSTAH）新設案に賛成票を投じ，その後武装警察隊を順次派遣した[49]。公安部が武装警察隊を国連 PKO に派遣することも，中国と国交のない国への国連 PKO 要員の派遣も，初めてだった。中国政府は武装警察隊のハイチ派遣について，「国連の要請に基づいた決定」と表明するにとどまったが，周永康公安部部長（当時）は「中国が世界平和の維持と安定に積極的な態度で臨んでいることを示すものである」とその意義を強調した[50]。

中国の政策転換の要因の 1 つに，国力増強によって中国の国際社会における存在感が圧倒的なものとなったことがある。アフリカでは国連 PKO が多く展

---

45)　UN Doc. S/PV.3730, 10 January 1997.

46)　「中国中止馬其頓的外交関係」『人民日報』1999 年 2 月 10 日。この後，2001 年 6 月に中国とマケドニアは再び国交を樹立した。

47)　UN Doc. S/PV.3982, 25 February 1999.「我常駐聯合国代表宣布 中国反対駐馬其頓維和部隊延期」『人民日報』1999 年 2 月 26 日。

48)　UN Doc. S/RES.1212, 25 November 1998.

49)　「中国『貝雷』走進入西半球」『人民日報』2005 年 4 月 19 日。

50)　「恪尽職守 不辱使命 為国争光」『人民日報』2004 年 8 月 25 日。

開されているが，台湾にとって，アフリカ諸国はこれまで外交上，重要な役割を果たしてきた。台湾と外交関係を有するアフリカの国々は，たびたび国連総会で台湾の代表権問題を議題として提案してきた[51]。

しかし経済力の弱いアフリカの国々は，2000 年代になると，多額の援助を行う中国との関係を深めた。2003 年にリベリア，2006 年にチャド，2008 年にマラウイが台湾と断交し，新たに中国と外交関係を樹立した。2013 年 11 月にはガンビアが，2016 年 12 月にはサントメ・プリンシペが台湾に断交を通告した。このため 2017 年 1 月現在で，台湾と外交関係を持つ国は計 21 ヵ国，うちアフリカの国はスワジランドとブルキナファソの 2 ヵ国のみとなった[52]。なかでも中国はリベリアに対し，国交樹立後の 2004 年から国連 PKO の大規模な部隊を派遣し，経済援助を行っている。王光亜国連大使は「リベリアの和平実現のため」と強調するが[53]，中国が国連 PKO と援助という手段で，台湾問題を有利に進めていることは明白である。

中国にとって台湾問題は依然重要であることに変わりはない。しかし国際社会における中国の存在感が圧倒的になるにつれ，台湾と外交関係を断ち中国と新たに国交を樹立する国が増えた。2000 年代の台湾問題にかかる国連 PKO 政策の転換の理由について，中国平和維持民事警察訓練センターの何銀は，「国連安保理の拒否権を台湾と外交関係を持つ国に対する『懲罰』として使う必要性は減っている」と明快に論じている[54]。中国の政策決定者の間では，安保理で台湾問題をめぐって拒否権をちらつかせて議決を遅らせたり，廃案とするような行動は得策とはいえないとの判断が行われたようである。経済力をつけた中国にとっては，国連安保理において台湾問題で強硬姿勢をとるよりも，国際的なイメージ向上を図るほうが，より重要な課題となりつつあるようだ。

---

51) 肖兰兰・孫曉風・劉大勇「中国参与非洲維持行動的国際戦略利益分析」『哈爾濱学院学報』第 28 巻第 10 期，2007 年 10 月，26 頁。

52) 中華民国外交部ホームページ「邦交国」(2017 年 1 月 15 日閲覧)。

53) 中華人民共和国常駐聯合国代表団ホームページ，「中国常駐聯合国代表王光亜大使在安理会利比里亜問題公開通報会上的発言」，2004 年 6 月 3 日 (2014 年 9 月 1 日閲覧)。

54) 脚注 8) の He, op. cit., pp. 59-61.

4. 政策転換の要因の探求

　ここまで中国の国連 PKO に対する姿勢を，中国の国連 PKO ミッション新設案に対する投票行動，要員派遣，財政負担，国内制度の改革，台湾問題への対応変化という諸側面から分析した。その結果中国が 2000 年以降，それまでの消極的な関与から，国連 PKO を肯定的に捉え，積極的に関与する姿勢へと変えたことが明らかになった。中国がこのような政策転換をした背景と要因について，中国では以下のように議論されている。

4.1　国際紛争解決における国連の権威維持

　中国は 1999 年のコソボ紛争以降，国連 PKO への関与を強めた。コソボ紛争の解決にあたり，アメリカをはじめとする欧米が国連安保理の授権を得ないまま NATO 軍による空爆を行った。中国は安保理常任理事国として拒否権という特権を有している。中国は国際紛争の解決において国連の枠組みではなく，NATO など他の機関が中心的役割を果たすことに強い危機感を抱いた。その後，中国は国連の権威を維持し，国連というシステムを強化するため，国連 PKO への関与を強めていった。

　2000 年 9 月の国連ミレニアムサミットの安保理首脳会議で，江沢民主席は国連の権威失墜に対する危機感を明確にした。「われわれが直面している挑戦は未曾有のもので，遭遇する問題も非常に複雑である。衝突を解決し，平和と共同の安全を実現するには国連憲章の主旨と原則を厳格に守り，紛争を解決していかなくてはならない」と述べた。その上で，「武力を行使し，人道主義を利用して他国の内政に干渉することは，国連憲章の主旨と原則に反するだけでなく，著しい悪影響を生み出すことになる」と，名指しこそ避けたものの，コソボ紛争に際し欧米が NATO による軍事行動を行ったことを批判した。そして，「国際平和と安全保障で主要な責任を負うのは国連安保理であり，その手段は国家主権の尊重，内政不干渉，当事者の同意，中立，自衛以外の武力使用の禁止を

原則とする国連 PKO である」と，国際紛争の解決において国連が中心的役割を果たすことの重要性を強調した[55]。

この際，中国代表団が最終文書の作成協議に積極的に参加し，中国の要求に基づき国連の最終文書に「国連憲章に照らして各加盟国の国家主権，政治的独立，領土保全を尊重し，国際関係で武力行使または武力による威嚇を禁止し，国際紛争の平和解決を図る」などの内容が盛り込まれたという[56]。2005 年，胡錦濤国家主席も「国連が国際社会の平和解決に重要な役割を果たす」と繰り返し発言している[57]。政策決定者の間では，国際紛争解決のため国連のシステム強化が必要であるとの認識が共有されていたのである。

2000 年に国連 PKO 改革が行われ，PKO ミッションの内容が中国にとってより受け入れやすいものへと変わったことも，中国の政策転換を後押しした。2000 年 8 月に発出された『ブラヒミ・リポート』は国連 PKO の改革を勧告したものである。リポート発表後に新設された国連 PKO ミッションのほぼすべてが，国連憲章第 7 章を授権され任務の遂行，要員・現地人の保護のための武力行使が認められた。一方で，武力行使の範囲は任務の遂行と国連 PKO 要員や人道支援要員の移動の自由確保，一般市民の保護に限られており，1990 年代のソマリアやボスニアでの白紙委任型の武力行使権限の付与とは明確に異なっている[58]。中国が主張する伝統的 PKO 原則と現代の国連 PKO には依然大きな違いが存在するが，ブラヒミ・リポート後の国連 PKO は 1990 年代の平和強制型よりは受け入れやすいとして，中国の国連代表は一連の国連 PKO 改革支持を表明した[59]。

中国の国連 PKO 改革支持の姿勢は，公式文書にも明記された。2002 年の中国の国防白書には，「中国は国連 PKO 改革を支持し，『ブラヒミ・リポート』の

---

55) 「在安理会首脳会議上的講和 中華人民共和国主席 江澤民」『人民日報』2000 年 9 月 7 日。
56) 「江主席闡述関与安理会作用等問題的立場」『人民日報』2000 年 9 月 8 日。
57) 新華社「胡錦濤在連合国成立 60 周年首脳会議上的講和」2005 年 9 月 16 日。
58) 国連 PKO を 1990 年代の平和強制型のミッションと区別しようとする取り組みは，2008 年 1 月，国連 PKO 局およびフィールド支援局が発表した政策文書，『国連平和維持活動原則と指針（キャップストーン・ドクトリン）』においても確認された。
59) 「我代表強調安理会作用不可替代」『人民日報』2000 年 9 月 29 日。

進展を歓迎する」と記載された[60]。2004年の国防白書にも,「中国は引き続き国連PKOの改革を支持し,国連の平和維持能力が強化されることを希望する」と明記された[61]。2005年6月,中国外交部は『中国の国連改革問題の立場に関する文書』を発表したが,このなかで具体的かつ詳細に中国の国連PKO改革に対する賛成の立場が記された。文書では,中国政府は国連PKOは国連憲章を遵守し,中立原則,武器不使用原則にしたがうと原則論を述べた上で,国連PKOの迅速な展開を可能にするための戦略備蓄および警察の国連待機制度新設案への賛成を表明し,国連PKOミッションが地域機構との連携を強め現実的な効果を挙げるべきであると要求した[62]。

このように中国政府はコソボ紛争の際,国連以外の機関が国際紛争の解決にあたるという事態に強い危機感を感じ,国家指導者自らが国連の権威維持および国連PKO強化が必要であると公の場で繰り返し強調するようになった。国連側も国連PKOが実効性のある内容となるよう改革を行った。中国は一連の国連PKO改革に支持を表明し,自らが人的,財政的貢献を増やし関与を強めることで,国際紛争解決における国連の地位回復を目指した。

4.2 「責任ある大国」としての貢献

中国は経済成長を続け,2000年代後半に経済大国,軍事大国となり,国連PKOへの財政的貢献を行うだけの財力と余力を持つようになった。国連PKO要員の大規模派遣に先立ち,要員訓練施設を整備,運営するだけの豊富な資金を持つようになった。また世界一の人口大国として豊富な人材も有している。発展途上国と先進国では国際社会において求められる役割と責任が異なるが,中国は途上国から経済大国へと成長し,2000年代半ばから国連PKOへの積極参与を「大国としての責任」を体現するものとして自ら国内外にアピールするようになった。

---

60) 中華人民共和国国務院新聞弁公室『2002年中国的国防』2002年12月9日。

61) 中華人民共和国国務院新聞弁公室『2004年中国的国防』2004年12月27日。

62) 中華人民共和国国外交部『中国関与連合国改革問題的立場文件』2005年6月7日。

中国の外交政策において「責任」が議論されるようになった背景を以下で見ていく。冷戦後に中国は鄧小平の「韜光養晦」の低姿勢の外交政策を採用した。1997年のアジア通貨危機を乗り切り，2001年にWTO加盟が実現すると，中国国内では「韜光養晦」は時代遅れであり大国として国際社会で役割を果たすべきであるとの議論が行われるようになった[63]。2003年には「平和的崛起」（2004年から「平和的発展」と言い換え），2005年には「和諧世界」が中国の指導者から語られた。いずれも「国際社会において中国が責任を果たす」と述べている。国外からも，中国は大国なのだから国際社会における相応の責任を負うべきとの声が徐々に強まっていった。2005年9月には，アメリカのゼーリック副国務長官が中国を国際社会の「責任あるステークホルダー（利害共有者）」と呼び，中国に大国として国際社会でより多くの責任を負うように求めた。

中国の国際社会における立場について，胡錦濤国家主席は2007年10月の中国共産党第17回全国代表大会（第17回党大会）で，「中国は発展中の社会主義大国」と述べると同時に，「相応の国際的義務を担い建設的な役割を発揮する」と表明している[64]。この時期の中国政府は，引き続き途上国の立場で国力増強を進めることが重要であるが，国際社会での大国としての責任履行も強く求められるようになっていた。

そこで中国政府は，すでに一定の評価を得ていた国連PKOへの参加を，国内外に向けて「責任ある大国」としての象徴的な活動としてアピールするようになった。大国が国際社会において責任を果たす方法について明確な基準は存在しないが，李宝俊・徐正源は以下のように論じている。中国の「責任ある大国」外交とは具体的に，①主要大国と多様なパートナー関係を作る，②途上国との関係において固有の国際的責任を果たす，③多国間のメカニズムに全面的に参与する，④アジア太平洋の周辺国との関係を構築することである[65]。特に「責任ある大国」のキーワードは，③の多国間のメカニズムに全面的に参与する

63）　詳しくは第1章第3節を参照。

64）　胡錦濤「高挙中国特色社会主義偉大旗幟為奪取全面建設小康社会新勝利而奮斗——在中国共産党第十七次全国代表大会上的報告」『人民日報』2007年10月15日。

65）　李宝俊・徐正源「冷戦後中国負責任大国身分的建構」『数学与研究』第1期，2006年，49-56頁。

4. 政策転換の要因の探求　　　75

表2-3 『中国外交』における「責任」,「責任ある大国」と国連PKO

1998年	積極的に国際と地域の多国間事務に参与する
1999年	積極的に多国間事務に参与し, 中国独特の役割を発揮する →（アジア金融危機において）高度に**責任ある態度をとった**
2000年	積極的に国際事務に参与し, **責任ある大国**としての役割を発揮する
2001年	多国間外交は実り多い成果を得た
2002年	積極的に国際事務に参与し, 世界平和を維持し, 共同発展を促進する
2003年	積極的に国際事務に参与し, **責任ある大国**としての役割を発揮する
2004年	**積極的に国連平和維持活動に参与し,（中略）責任ある大国としてのイメージを体現した**
2005年	**積極的に国連平和維持活動に参与し,（中略）責任ある大国としてのイメージを体現した**
2006年	**積極的に国連平和維持活動に参与し,（中略）責任ある大国としてのイメージを体現した**
2007年	**積極的に国連平和維持活動に参与し,（中略）責任ある大国としての願望とイメージを体現した**
2008年	**積極的に国連平和維持活動に参与し,（中略）責任ある大国としてのイメージを体現した**
2009年	**積極的に国連平和維持活動に参与し,（中略）責任ある大国としてのイメージを体現した**
2010年	記載なし
2011年	記載なし
2012年	「中国の良好な国際イメージ」→このなかで国連PKOに言及

（出所）　中国人民共和国外交部政策規劃司『中国外交』世界知識出版社, 1998～2012年度版, より筆者作成。

という文脈で, 公式文書等で頻繁に使用されるようになった。

　中国外交部が毎年1回発行する外交白書『中国外交』において,「責任ある大国」の文言は国際システムに積極的に参与する, 具体的には国連を中心に国際的, 地域で多国間外交を積極的に展開することと結びつけて記載されている。表2-3は,『中国外交』において「責任」の言葉がいつ登場し, どう使用されたかをまとめたものである。2000年版に初めて「責任ある大国」の文言が記載された。このなかで1999年の中国外交を振り返り,「中国は国際事務に積極的に参与し, 責任ある大国としての役割を発揮した」, 具体的には「コソボ問題で建設的な役割を果たし,『新しい安全保障観』を推進し, 国連を中心とする多国間外交（国連PKOなど）を推進した」と記載している[66]。2004年版から「責任ある大国」の文言は, 国連PKOへの貢献と結びつけて用いられるようになっ

た。「中国は国連憲章の精神に符号する国連PKOを重視し，支持し，参加を拡大しており，これは責任ある大国としてのイメージを体現するものである」と明確に記載された。

国防白書でも，2010年版で「中国は責任ある大国として国連PKOに積極的に貢献し，世界平和に貢献する」と国連PKOと結びつけて記載された[67]。2008年の国防白書では「国連安保理常任理事国として」との表記のみであったが，2010年には新たに「責任ある大国」との文言が付け加えられた。このほか『人民日報』においても，「責任ある大国」の文言は中国が国連など国際機関や地域機構において建設的な役割を果たすとの文脈で使用されている[68]。このように中国の公式文書や人民日報では，「責任ある大国」としての行動を代表するものとして，中国の国連PKOへの参加を繰り返し取り上げている。

国際社会における中国の国連PKO活動の認知度が上がるにつれ，中国政府は国内に向けても国連PKOを共産党，軍，警察のイメージアップのためのツールとして活用するようになった。2010年1月，警察要員8名がハイチ大地震で犠牲となり，北京で葬儀が行われた。胡錦濤国家主席をはじめとする中央政治局常務委員9名全員が葬儀に参列し，中国の最高指導部全員が「国家の英雄」の死を悼む姿が大々的に報道された[69]。

また，中国公安部は多額の投資を行ないテレビドラマシリーズ「中国維和警察」全35話を制作し，警察が紛争地域での平和維持のため自己犠牲を払いながら困難に立ち向かっていく姿を描いた[70]。これらマスメディアを使った宣伝がどれほどの効果があるのかは定かではないが，国連PKO要員を英雄として

---

66) 中国人民共和国外交部政策規劃司『中国外交2000年版』世界知識出版社，7-10頁。

67) 中華人民共和国国務院新聞辦公室『2010年中国的国防』2011年3月31日。

68) 例えば「積極的貢献——中国的維和行動成亮点」『人民日報』2004年10月29日。「中国軍隊維和彰顯責任」『人民日報』2010年4月2日。

69) 「胡錦濤等送別海地地震遇難中国維和警察」『人民日報』2010年1月20日。同様に，2006年に国連レバノン暫定駐留軍（UNIFIL）の軍事オブザーバーが殉職した際にも大規模な追悼式が開かれ「英雄」と繰り返し報道された。「杜照宇烈士悼念大会在京挙行」『人民日報』2006年8月8日。「用生命守望和平——追記国防部参謀杜照宇烈士」『人民日報』2006年8月30日。

70) テレビドラマ「中国維和警察」は2005年に制作され，2009年3月から全国放送のCCTV8チャンネルで放送された。

描く方法は，要員派遣が本格化した 2000 年代半ばから繰り返し行われている[71]。

　国内の学者からも，国連 PKO への貢献は中国が国際社会で大国としての責任を果たす象徴的な行動であると，肯定的な意見が相次いだ。龐中英は，中国は国際平和の安定により大きな責任を果たしたいと考えており，国連 PKO への参与はこの外交目的を満たすことができものである，と分析した[72]。張慧玉は，国連 PKO への積極的な参与は中国の責任大国としてのイメージを体現したものであり，中国の国益実現のためにも国連 PKO のシステム拡充に努めるべきである，と明快に論じた[73]。

　中国は経済成長を続け，経済，軍事大国となったことで，国連 PKO に貢献を行うだけの財力と能力が備わった。2000 年代半ばから中国政府は，国際社会からの大国としての責任履行を求める声に対応するように，国連 PKO への貢献を大国としての責任を果たすものとして積極的にアピールするようになった。

4.3　国内の合意形成

　中国の国連 PKO 政策決定を行うのは国務院と中央軍事委員会であり，外交部はアメリカ・ニューヨークの国連代表部と北京の関係省庁との調整を行う。実際の要員派遣は国防部と公安部が担当している[74]。アフリカにおける経済利益の確保と密接に関わる案件には商務部が関わることもある。中国の外交政策決定に関わるアクターは，共産党，国務院，軍の 3 者に加え，2000 年以降は外交に関わる事柄が拡大したことで，企業，地方，世論へと増加したとされる[75]。国連 PKO の政策決定においても，共産党，軍のほか国内の有識者の意

---

71)　例えば「中国『籃盔』，為世界和平添彩」『人民日報』2004 年 10 月 29 日。「中国『籃盔』享誉世界」『人民日報』2010 年 4 月 2 日。

72)　Pang Zhongying, "China's Attitude to UN Peacekeeping", *International Peacekeeping*, Vol. 12 (1), 2005, pp. 87-104.

73)　張慧玉「中国参与連合国維和述評」『現代国際関係』第 2 期，2009 年，51-57 頁。同様の議論に以下がある。Courtney J. Richardson, "A responsible power？China and the UN peacekeeping regime", *International Peacekeeping*, Vol. 18 (3), 2011, pp. 286-297. 趙磊「維和舞台上，中国是个負責任的大国」『中国報道』2010 年 2 月，42 頁。

74)　International Crisis Group, "China's Growing Role in UN Peacekeeping", *Asia Report*, No. 166, 2009, pp. 26-30.

見や世論が一定の影響を与えるようになっている。そして実際に活動を行うには，関係する各部署の連携が必要となる。

国連 PKO への積極参与に関し，共産党指導部は先述したように，これまで公の場で国連 PKO が国際紛争の解決に果たす役割の重要性を繰り返し表明してきた。国防部では国連 PKO の参加により他国との連携が深まるとの肯定的な意見が多く，国防部部長自らが軍の国連 PKO 参加の意義を表明している[76]。また国防部は要員養成施設の整備を進め，新たに国連 PKO をテーマに国際シンポジウムを開催するなど，国際交流も進めている[77]。

公安部も要員派遣に前向きな姿勢を表明している[78]。要員派遣の施設についても，国防部に先駆けて 2000 年に大規模な訓練センターを開設し，実際に要員を派遣してきた。外交部は，関係省庁間の複雑な調整が必要となるが，大きなマイナス要素はない。商務部も国連 PKO の展開により現地の治安維持回復が図られるというプラスの要素が大きく，反対意見は聞かれない。また，指導部の決定事項を阻止するだけの権限も有していない。

中国国内の有識者の多くは，国連 PKO への積極参与は安全保障上，経済上の利益が多いとプラスの見方をしている。唐永勝は，国連 PKO への積極参与は安全保障上の利益があり，中国が国際的な安全保障のシステムに入るための重要な手段になっていると指摘した[79]。中国の国連 PKO 政策研究の第一人者である趙磊は，中国の国連 PKO への積極参与は人民解放軍と警察の能力向上，台湾への牽制，中国脅威論の緩和，そして海外権益の確保につながっていると多くの利点を挙げている[80]。胡錦濤政権の外交政策に近いとされる王逸舟も，

---

75) 浅野亮「中国の対外政策方針の変化——その決定メカニズムとプロセス」『国際問題』No. 602, 2011 年 6 月，38-39 頁。

76) 曹剛川「銘記光栄歴史 弘掲優良伝統 忠実履行新世紀新階段我軍歴史使命——記念中国人民解放軍建軍 80 周年」『求是』第 14 期，2007 年，3-7 頁。「梁光烈上将論述与時代同行的中国軍事外交」『解放軍報』2008 年 12 月 23 日。

77) 新華網「中国国防部挙弁辦国際維和研討会」2009 年 11 月 20 日。

78) 新華網「為世界和平貢献『中国力量』——中国警察維和十年記」2010 年 2 月 7 日。

79) 唐永勝「中国与連合国維和行動」『世界経済与政治』第 9 期，2002 年，39-44 頁。

80) 趙磊『建構和平中国対連合国外交行為的演進』九州出版社，2007 年，189-231 頁。趙磊「中国的国際和平参与戦略」『国際関係学院学報』第 3 期，2010 年，47-54 頁。

中国が行う国際社会への貢献の例として国連 PKO を挙げ,「中国は安保理常任理事国の中で国連 PKO の最大の人員派遣国であり，要員の能力と質も高い。中国が世界に対し提供する公益財の表れである」と，中国の国連 PKO 活動への参加を「創造的介入」と呼び高く評価している[81]。

国連 PKO の大半が展開されているアフリカへの要員派遣については，資源や市場の確保につがなると経済的利益を指摘する議論もある[82]。もちろん，国連 PKO への要員派遣は要員育成のために時間もコストもかかり，時に生命の犠牲をともなう。また，要員派遣を行う際に法整備が進んでいないといった慎重意見もある[83]。しかしこれら慎重論は多数を占めるに至っておらず，政府の政策決定者および国内の有識者の間では，国連 PKO への貢献は中国の利益に資するものであるとの一定の合意が形成されているようである。大きな視点に立てば，中国政府にとって国連 PKO への貢献は，少ないコストで安全保障面，経済面，国際社会におけるイメージアップといったさまざまな利益を得ることができる，重要な手段となっている。

5. おわりに

本章は安全保障領域として，中国の国連 PKO 外交に着目した。国連 PKO は，紛争地域の平和の維持を図るために設置されるもので，国連安保理のメンバー国が国際紛争を認定し，どの紛争に国連が介入し復興支援を行うかを決める。冷戦後には紛争の多くが内戦型へと変わり，国連 PKO の任務も多様化しており，停戦や軍の撤退の監視など伝統的な任務に加え，兵士の武装解除や社会復帰，選挙の実施などの支援，文民の保護なども行う。

中国は国連安保理の 5 大常任理事国の座にありながらも，1990 年代は国家主

---

81) 王逸舟「中国維和應『創造性介入』」『中国報道』第 2 期，2010 年，59 頁。

82) 肖蘭蘭・孫暁風・劉大勇「中国参与非洲維持行動的国際戦略利益分析」『哈爾濱学院学報』第 28 巻第 10 期，2007 年，24-28 頁。

83) 王新建「渉外軍事法律保障問題初歩研究」『西安政治学院学報』第 23 巻第 1 期，2010 年，70-75 頁。趙，前掲書，204-207 頁。

権の尊重や内政不干渉原則が重要との立場から，台湾問題など自国に直接関係がある事案以外には国連PKOに最低限の関与しか行ってこなかった。

　2000年以降，中国は国連PKOへの対応を変え，積極的に関わるようになっている。国連PKOの設置を議論する投票行動では，すべての議案に賛成票を投じた。また2000年代半ばからは，アフリカの大型国連PKOミッションに大量の要員を派遣し，国連PKO予算の負担を増やしている。中国は2000年代半ば以降は国連PKOの設置と運営にイニシアティブをとって行動するようになっている。

　中国が国連PKOへの対応を変えた主要因として，第1に中国の大国化による中国外交の変化がある。1990年代まで中国は，「韜光養晦」の低姿勢の外交方針を実施に移すかのように，国連PKOの議論，実施において関わることを避けてきた。2000年代に経済大国化したことで，中国は国連PKOへの財政的貢献を行うだけの財力を持つようになった。中国は人口大国として豊富な人材も抱えている。さらに，中国は国連PKOへの積極参与を「責任ある大国」としての象徴的な活動として国内外にアピールするようになっている。

　第2は，中国の国連PKO政策の決定および実施に関わるアクターの間で，中国の国連PKOへの関与に肯定的な意見が多いことである。中国国内の言説を見る限り，共産党指導部，関係省庁そして国内の有識者の間では，国連PKOへの貢献は安全保障，経済，国際社会におけるイメージアップにつながり，中国の利益になるとの肯定的な意見が多数を占めている。人民解放軍や公安，国民からの反対意見も少ない。国際社会から大国として国際紛争解決に向けた対応が求められるなか，中国は国連PKOへの貢献を増やし，国内外にアピールするようになった。大きな視点に立てば，中国政府にとって国連PKOへの貢献は，少ないコストでさまざまな利益を得ることができる重要な手段になっていると言える。

　中国は国連安保理常任理事国としてすでに特権を有する立場にあるが，国連PKOへの積極関与によって，今後さらに国連PKOミッションの設置や実際の運営に，中国の影響力が強まっていくことになるだろう。

第3章 中国の世界貿易機関（WTO）のルール遵守状況と発言力向上への取り組み

1. はじめに

経済成長とともに，中国の国際社会における存在感が高まっている。2001年12月の世界貿易機関（World Trade Organizations, 以下WTO）加盟後，中国は海外から大量の直接投資を受け入れて，安価な労働力を背景に輸出主導型の貿易で利益をあげてきた。中国は，2009年に貿易輸出額世界第1位，輸入額は世界第2位となり，2010年に国内総生産（GDP）で日本を抜いてアメリカに次ぐ世界第2位の経済大国となった。中国は経済成長を背景に，中国は欧米主導の現行の国際経済秩序に対し，地位向上などさまざまな要求を行うようになっている。

中国をはじめとする新興国，途上国が国際経済秩序に改革の要求を行ったのは，2000年代が初めてではない。1970年代には，発展途上国が一致団結し，新国際経済秩序の樹立を宣言した[1]。この際，中国は発展途上国への支援を表明したものの，実際には，途上国支援の政策を具体化させることができなかった[2]。発展途上国による国際経済秩序への挑戦は成功せず，冷戦後にはアメリカ主導の国際経済秩序が成立した。では2000年代，中国は欧米主導の国際経済秩序にどのように対応し，どのような要求を行っているのだろうか。本章では国際通商体制の中核を担うWTOを事例として，中国の国際経済秩序への対

---

1) UNITED NATIONS GENERAL ASSEMBLY RESOLUTION 3201 and 3202, 1 May 1974.
2) 青山瑠妙『現代中国の外交』慶應義塾大学出版会，2007年，368頁。

応を分析する。

中国は1970年代から国際社会と密接な関係を築き経済成長を目指す道を選択し，さまざまな国際機関やフォーラムに参加してきた。2001年12月には，加盟申請後15年の交渉を経て，世界貿易機関への加盟を果たした。WTOは164の国と地域が加盟し[3]，物品の貿易に関する自由化に加え，サービス貿易，知的所有権保護などの国際ルールを作る，国際経済秩序にとって鍵となる国際機関である。WTOおよびその協定は，グローバル・スタンダードを体現していると言ってよいだろう。また，WTOの紛争解決制度は，多くの加盟国が貿易紛争の回避，紛争解決のために活用している。中国はWTO加盟後，開かれた市場を目指して，基本的にはWTOの国際ルールにしたがいながら，貿易を飛躍的に発展させてきた。2011年12月，胡錦濤国家主席はWTO加盟10周年ハイレベルフォーラムで，「WTO加盟時の約束事項を全面的に履行した」と自国の功績を讃えている[4]。

これまで中国とWTOの関係についての研究では，欧米の研究者を中心に，中国がWTO加盟によっていかに変わるか，また欧米が主体となり定めた国際貿易ルールをいかに中国に遵守させるかに関心が集中していた[5]。欧米諸国は，WTO加盟によって中国の市場経済化が進むほか，法の支配が促進される，政治改革も進むことを期待した[6]。

WTO加盟後から2006年頃までは，中国はWTOが求める義務や約束の履行に前向きに取り組み，その結果として国内の法整備が進み，透明性が確保され，国内改革が進んだ[7]。中国はWTOにおいて協力的に行動しておりWTO

---

3) 2016年7月末の数字である。

4) 新華社「胡錦濤：在中国加入世界貿易組織10周年高層論壇上的講話」2011年12月11日。

5) Margaret M. Pearson, "The major multilateral economic institutions engage China", in Alistair Iain Johnston and Robert S. Ross eds., *Engaging China: the management of an emerging power*, Routledge, 1999, pp. 207-234.

6) Chris Lin, "A quiet revolution: an overview of China's judicial reform", *Asian-Pacific Law & Policy Journal*, Vol. 4, No. 2, 2003, pp. 255-319. 佐々木智弘「WTO加盟と政府改革・政治改革」国分良成編『中国政治と東アジア』慶應義塾大学出版会，2004年，59-78頁。

7) Julia Ya Qin, "Trade, investment and beyond: the impact of WTO accession on the Chinese legal system", *The China Quarterly*, Vol. 191, 2007, pp. 720-741. Vivienne Bath, "The WTO and China's

1. はじめに

ルールの遵守状況も評価できる[8]，と国際社会からの評判はおおむね高い。

近年の研究は，中国の WTO 紛争解決制度への取り組みに関心を払うものが多い[9]。中国は紛争解決制度において「用心深い観察者」から「積極的参加者」へ変わったが，これは学習と社会化の過程を経たことで，中国の紛争解決制度の活用に関する規範が変化したからである[10]。中国が紛争解決制度に積極的に関与することは，中国の貿易と社会・政治ガバナンスの向上につながり，また他の WTO 加盟国との間で健全で建設的な貿易関係を築くことに役立っている[11]。このように先行研究の多くが，中国の WTO 紛争解決制度の関与は，他の WTO メンバーそして国際社会にとって利益となると論じている。

川島富士雄は，中国の WTO 加盟後の義務・約束の国内実施と新ラウンド交渉での対応を検証した。「中国は WTO 加盟 5，6 年を経た段階では，協力的な『体制擁護者』として振舞っている。これは WTO が当面の中国の国家目標の実現にとって役に立つ『道具』であると冷徹かつ合理的に計算した結果であり，手段が目的に合致しないことが分かれば，非協力的に変化する可能性もある。

---

transparency requirements", in Chunlai Chen ed., *China's Integration with the Global Economy: WTO accession, foreign direct investment and international trade*, Edward Elgar, 2009, pp. 53-70. Marc Lanteigne, "Red light, green light: China and the World Trade Organization", *China and International Institutions: alternate paths to global power*, Routledge, 2005, pp. 33-60.

8) マーガレット・ピアソン（Margaret M. Pearson）は，2001 年の WTO 加盟後の 2 年間の中国の WTO に対する対応を分析し，中国は WTO ルールを遵守しており，主権と台湾問題を除いては WTO ルールの現状を変える意図はない，ドーハ・ラウンドの議論においても基本的に賛成の立場をとっており，体制見直し勢力とはなっていない，と論じた。Margaret M. Pearson, "China in Geneva: lessons from China's early years in the World Trade Organization", in Alistair Iain Johnston and Robert S. Ross eds., *New Directions in the Study of China's Foreign Policy*, Stanford University Press, 2006, pp. 587-644.

9) Xiaowen Zhang and Xiaoling Li, "The politics of compliance with adverse WTO dispute settlement rulings in China", *Journal of Contemporary China*, Vol. 23, No. 85, 2014, pp. 143-160. Chad P. Bown, "China's WTO entry: antidumping, safeguards, and dispute settlemen", in Robert C. Feenstra and Shang-Jin Wei eds., *China's Growing Role in World Trade*, University of Chicago Press, 2007, pp. 281-337. Wenhua Ji and Huang Cui, "China's experience in dealing with WTO dispute settlement: a Chinese perspective", *Journal of World Trade*, Vol. 45, No. 1, 2011, pp. 1-37.

10) Xiaojun Li, "Understanding China's behavioral change in the WTO dispute settlement system", *Asian Survey*, Vol. 52, No. 6, 2012, pp. 1111-1137.

11) Chi Manjiao, "China's participation in WTO dispute settlement over the past decade: experiences and impacts", *Journal of International Economic Law*, Vol. 15, No. 1, 2012, pp. 29-49.

中国指導部の WTO に関する利益・コスト構造は大きく変化しつつあり，中国の基本的な対外戦略である『協力と自主』は，WTO に関し自主の方向へと傾きつつある」[12]。さらに「WTO 加盟 10 年を経た頃には，中国はグローバル・スタンダードに接近し法治化が進むというより，中国の一党独裁を前提とする独自性の強いシステムへの発展の道を辿りつつある」，と論じた[13]。

　このように WTO 加盟後の先行研究の多くは，主に中国の紛争解決制度への取り組みを論じてきたが，WTO は大きく 2 つの機能，現行ルールの遵守・運用（ルールの遵守状況，紛争解決制度の活用）と新たな貿易ルールの策定（ドーハ・ラウンド）がある。本研究は中国の WTO への対応について，より包括的かつ全体の傾向を把握するため，紛争解決制度の活用に加え，ルールの遵守状況，ドーハ・ラウンドでの行動，そして WTO における発言権獲得への取り組みを総合的に検証することとする。

　以下第 2 節で中国の WTO 加盟までの道のりを振り返る。第 3 節では，現行の貿易ルールに対する中国の対応を検証する。具体的には，WTO 加盟議定書に定められた WTO ルールに対する義務・約束の履行状況を，そして第 4 節でWTO 紛争解決制度における中国の対応を分析する。その後，中国の新たな貿易ルール策定に対する対応を検証するため，第 5 節で 2001 年に始まったWTO ドーハ・ラウンドにおける中国の行動，そして WTO における中国の地位向上に向けた取り組みを概観する。第 6 節で中国の WTO に対する対応変化の要因を考察する。

---

12)　川島富士雄「貿易分野における中国の多国間主義——『協力』と『自主』の現れとしての WTO 対応」大矢根聡編『東アジアの国際関係——多国間主義の地平』有信堂，2009 年，47-48 頁。
13)　川島富士雄「WTO 加盟後 10 年を経た中国における法制度及び事業環境：グローバル・スタンダードと中国的特色のある制度の衝突？」『組織科学』45（2），2011 年，26 頁。

2. 非市場経済国・中国の WTO 加盟

本節では，まず WTO 加盟前の中国の GATT/WTO に対する認識，および
アプローチを振り返る。中国が WTO 加盟という道を選択した目的について
は，これまですでに多くの論考がなされてきた。元 WTO 大使の孫振宇の言葉
を借りれば大きく 3 つ，対外経済活動のための安定した国際環境の獲得，国内
改革促進のための外圧機能の獲得，国際経済のルールを作る国際機関内での発
言力，影響力の上昇であった[14]。中国はなかでも，経済発展のための手段とし
て WTO への加盟を重視していた。

WTO の基本原則は，自由（関税の低減，数量制限の原則禁止），無差別（最
恵国待遇，内国民待遇），多角的通商体制である。すなわち，関税その他の貿易
障壁を取り除き輸出入制限を軽減すること，無差別待遇の確保を図り加盟国間
の自由で円滑な通商関係を実現すること，加盟各国がコンセンサスに基づいて
決めたことの実施を保障することを目指している。中国は WTO 加盟により，
WTO が定めるルールに沿って国内制度，ルールの改革を進めなければならず，
国際社会から義務の履行について監視されることになる。

表 3-1 は中国の WTO 加盟までの主な経緯をまとめたものである。中国は
1947 年 10 月 30 日の GATT 成立の際，原締結国 23 ヵ国の 1 ヵ国だった。
1949 年 10 月に中華人民共和国が成立したが，台湾に移った中華民国（台湾）が
GATT の代表権を持ったため，中国は GATT 体制の枠組みの外に置かれた。
毛沢東は「GATT は富国倶楽部である」と，帝国主義の経済侵略手段として敵
視した[15]。1971 年に中国が国際連合の「地位回復」を果たした際，GATT は台

14）　孫振宇「中国入世十年得失盤点」『国際経済評論』第 5 期，2011 年，21-27 頁。このほか，中国
WTO 加盟交渉の主席代表を務めた龍永図は，中国の WTO 加盟の目的を，①中国の国際地位上昇と
国家イメージの維持，②対外開放と経済発展のための良好な国際環境づくり，③ WTO を外圧とする
国内改革の推進，と振り返っている。龍永図「中国入世的核心利益及発展中存在的問題」『国際経済評
論』第 5 期，2011 年，14-21 頁。
15）　菱田雅晴「ガット加盟の政治経済学──中国にとっての『外圧』」毛里和子編『市場経済化の中
の中国』日本国際問題研究所，1995 年，246 頁。

86　第 3 章　中国の世界貿易機関（WTO）のルール遵守状況と発言力向上への取り組み

表 3-1　中国の WTO 加盟までの主な経緯

1948 年 5 月	中国（中華民国）が GATT の正式メンバーとなる
1950 年 3 月	台湾が GATT 脱退を宣言
1986 年 7 月	中国が GATT 加盟申請（「GATT 締約国として地位回復」を求める形）翌 1987 年，加盟作業部会設置
～1995 年 1 月　　　12 月	WTO 発足　旧 GATT 失効にともない，中国は WTO 加盟を新たに申請
1997 年 9 月	日中 2 国間で物品（モノ）の市場アクセスにつき合意
1999 年 7 月　　　11 月	日中 2 国間でサービスにつき合意，2 国間交渉妥結　米中 2 国間交渉合意
2000 年 5 月	EU・中国間交渉合意
2001 年 11 月　　　12 月 11 日	WTO 理事会が中国の加盟を承認　WTO 加盟発効

（出所）　筆者作成。

　湾のオブザーバー資格をはく奪した。しかし，中国はこのとき GATT への加入申請を行わなかった。

　毛沢東の死後，鄧小平が実権を握ると，中国は国際社会との結びつきを強めていった。1986 年，中国は「復帰（地位回復）」という形で GATT への加盟を正式に申請した。中国が改革開放を進め経済発展を実現するためには，海外市場へのアクセス，および良好な国際環境が必要であった。中国は国際社会における地位の向上を目指していたが，GATT は主要な国際機関のなかで中国が唯一加盟を果たしていない機関だった。同時に，中国は国際社会のルールを策定するプロセスに入るためには GATT への加盟が必須であると考えていた[16]。

　1992 年 10 月の第 14 回共産党大会で鄧小平から江沢民への権力継承が行われると，GATT 加盟交渉も江沢民政権に引き継がれた。1993 年，GATT ウルグアイ・ラウンド交渉が終了したが，中国の GATT 加盟は果たされなかった。

---

16)　龍永図，前掲論文，14-18 頁。

2. 非市場経済国・中国のWTO加盟　　87

中国は1995年1月に発足したWTOの原加盟国になることもできなかった。1995年12月，中国はWTO加盟を新たに申請した。

　WTOの加盟交渉は，中国との個別交渉を希望する加盟国との2国間交渉とWTOの作業部会における多国間交渉からなる。アメリカとの米中2国間交渉は難航し，1989年の天安門事件，1999年5月の在ベオグラード中国大使館誤爆事件による交渉中断等を経て，1999年11月に合意に至った。2国間交渉は，2001年9月に合意したメキシコを最後に，すべて終了した。他方，WTO作業部会における多国間交渉も，1986年から1995年までのGATT時代に20回，さらに1996年から2001年9月までに18回行われた。2001年9月，加盟議定書案を含む報告書が採択された。中国のGATT，WTO加盟申請は，1986年から15年もの歳月を経て，2001年11月にようやく承認され，同年12月11日に発効した。

　改めて，なぜ中国のWTO加盟は15年という長い時間がかかったのだろうか。この理由は大きく2つが考えられる。第1は，非市場経済国がWTOの正式メンバーになるためには，さまざまな条件が課されていたからである。GATTとWTOが想定する国際貿易の参加者は，生産者と消費者，資本家と労働者の自発的な取引により決定される価格に基づき生産や資源配分が行われる市場経済国である。GATTとWTOは市場経済を前提とした国際協定，および国際機関であり，非市場経済国が参加するためには調整すべき問題が山積していた。WTOは，政府が生産活動や為替などを強く統制してきた国を非市場経済国と位置付け，貿易相手国がダンピング（不当廉売）認定や課税率算定を厳しくすることを認めている。中国は市場経済への移行段階にあり，諸規定を完全に実行することが困難であるとして，中国のWTO加盟にはさまざまな付帯条件が課された。実際に中国の加盟に際しては，貿易相手国のより厳しいダンピング判定認定，加盟後10年目まで続く経過的審査制度の導入など，他の加盟国に比べて厳しい条件が課された。これは，WTOがこれまでの教訓から[17]，また，中国の加盟が今後の移行経済国のWTO加盟の前例となることから，中国の加盟に対し慎重な態度で臨まざるをえなかったことが大きい。

88 第3章 中国の世界貿易機関（WTO）のルール遵守状況と発言力向上への取り組み

　第2は，アメリカを中心とする西側国家の中国WTO加盟に対する戦略的考慮があった。1989年の天安門事件，そして冷戦の終結により，アメリカ国内では中国が新たなライバルとなりうる，という見方が急速に広まった。のちにクリントン政権は，中国を孤立させることなく積極的に関与する必要性を説いた上で，対外政策を経済問題と安全保障問題に分離し，経済問題を優先させる方針を打ち出した。アメリカの対中関与政策の延長線上に，中国のWTO加盟の承認があった[18]。実際，2国間交渉においてカギとなったのは米中交渉であり，WTOで最も発言の影響力を持っていたのもアメリカである。アメリカの対中政策が，中国のWTO加盟に大きな影響を及ぼしていたのである。

3. 中国のWTOルールの遵守状況

　本節では，中国のWTOルールの遵守状況を検証する。WTOへの新規加盟に際しては，議定書とWTO作業部会の報告書の2つが作成される。新規加盟国は文書の約束事を履行するWTO協定上の法的義務を負う。これら義務の遵守状況を分析することは，中国がどの程度，現行のWTOルールを尊重しているかを把握するのに役立つ。表3-2は，中国のWTO加盟文書の概要をまとめたものであり，主だったものを対象にWTO加盟文書で示された主な約束事に対する中国の取り組みを確認した。中国のルール遵守状況については，アメリカ合衆国通商代表部の年次リポート『Office of the USTR, 2011 Report to Congress On China's WTO Compliance』，そして日本の経済産業省の『2012年版不公正貿易報告書　第1章中国』を主に参照した。

---

17)　非市場経済のGATT加入の前例として，1967年のポーランド，1971年のルーマニア，1973年のハンガリーのケースがある。しかしいずれもGATT加入時の条件を充足させることができず，締結国の期待を大きく裏切る結果となった。大橋英夫『米中経済摩擦——中国経済の国際展開』勁草書房，1998年，215-241頁。

18)　杜進「米中両国の経済依存関係は災いか福か？——二大経済国家の対立と協調」南亮進・牧野文夫編『中国経済入門』日本評論社，2012年，185-207頁。

3. 中国の WTO ルールの遵守状況　　89

表 3-2　中国の WTO 加盟文書の概要

1.　総論	
透明性・法治行政 市場原則の尊重 無差別原則の徹底	・法令等の透明性を確保し，統括的，公平かつ合理的に実施 ・政府の価格への介入を削減 ・物・サービス等の調達等における内外差別を撤廃
2.　貿易関連制度・市場アクセスの改善	
a.　貿易関連制度改善	・貿易権の自由化（3 年以内） ・知的財産保護の強化
b.　関税引き下げ	・全品目平均 17.5%（1998 年）→ 9.8%（2010 年） 　鉱工業品 16.6%→ 8.9%，農産品 22.7%→ 15.0%
c.　サービス自由化	・外資規制等の削減，撤廃
3.　中国に対する経過的措置（加盟国側の措置）	
経過的セーフガード 対中繊維セーフガード 反ダンピング／相殺関 税措置 経過的レビュー	・国産品の輸入の急激な増加に対し（加盟後 12 年間） ・中国産繊維・繊維製品の輸入に対し（〜2008 年） ・価格比較につき，特例の導入の容認（加盟後 15 年間） ・WTO 一般理事会等が中国の義務履行状況を 10 年間毎年審査

（出所）　経済産業省ホームページ「中国の WTO 加盟」，2001 年 12 月，（2016 年 12 月 2 日最終閲覧）より筆者作成。

3.1　総論：透明性，法治行政

　中国は WTO 加盟時に，法令，定期刊行物の発行，行政行為や司法審査等の透明性を確保することを約束した。市場のメカニズムが有効な形で機能するには情報の公開が必要で，情報が公開されなければ，最恵国待遇原則，内国民待遇原則，公平競争原則といった WTO の基本原則が維持できない。中国の中央政府の法令約 3,000 が，2005 年 12 月までに整理，改正された[19]。近年，中国は官報やインターネットを通じ，法令を積極的に公表しており，透明性の向上に向け一定の改善を行っている。しかし，日本の経済産業省が毎年発表する『不公正貿易報告書』では，中国政府による情報の公開は一部に限られている，中央と地方では法令や条例の解釈に統一性がない，法律は施行されたが実施細則が公開されない等の問題を指摘している[20]。

---

19)　川島，前掲論文，2009 年，58 頁。

20)　経済産業省『2012 年版不公正貿易報告書　第 1 章中国』2012 年，15 頁。

司法審査についても，制度面および法律の整備において改善が見られる。しかし中国の司法判断の中立性や，司法が下した判決や裁定の執行については，依然，改善の余地が大きい[21]。また，法律が整備されても，実際には政治的圧力がかかり，恣意的な司法判断が下されることや，判決執行がむずかしいという問題がある。背景には，立法，行政に対する司法のコントロールが十分に機能しないといった政治体制上の問題がある。WTO がこれらすべての問題を直接的に解決できるわけではないが，中国が WTO ルールを遵守することを通し，今後改善されることが期待される。

3.2 貿易関連制度，市場アクセスの改善

a. 貿易権，知的財産保護

　中国は WTO 加盟にあたり，加盟後 3 年以内に中国国内のすべての企業に対して，一部の農産品を除きすべての物品に貿易権を付与することを約束した。2004 年 7 月，中国は対外貿易に関する最上位法規の「対外貿易法」を改正，施行したが，これは WTO 加盟時の約束に従った内容となっている。貿易権の付与に関し，中国はほぼすべての領域において WTO 加盟時の約束を履行していると評価できる。

　ただし，例外として本，新聞，雑誌，音響映像製品等，出版物の輸入について，中国は国務院の承認を得た国有企業に限って行うことができるとしており，WTO 加盟時の約束に反する疑いがある。実際，2007 年にアメリカが WTO に提訴し，最終的に中国の協定義務違反が確定した（DS363[22]）。最後まで残っていた映画フィルムに対する規制については，2012 年 2 月に中国は改善策を提示し[23]，中国側が WTO ルールにしたがう姿勢を見せている。

　知的財産の保護に関し，中国はこれまでに数多くの法律，条例を整備してきた。法整備の状況だけを見ると，中国は WTO が求める約束，義務を遵守して

---

21)　同上書，17 頁。

22)　1995 年 1 月の WTO 成立以降，紛争解決機関で協議が行われた紛争の，通し番号を指す。

23)　経済産業省，前掲書，21 頁。

いるように映る。しかし政府の取り組みにもかかわらず，現状は模倣品や海賊版など不正商品が中国国内に広く出回っている。背景には中央政府，省庁間の調整不足，法執行プロセスにおける透明性の欠如，地方政府の保護主義的行動，汚職等さまざまな要因がある[24]。2007年には，アメリカがWTOに提訴し中国のパネル一部違反認定の結論が下された（DS362）。また近年，インターネット上で著作権が保護されていないという問題も深刻化している。

b. 関税引き下げ

中国は加盟時にWTOに関税譲許表を提出しており，そのスケジュールにしたがって順次，関税を引き下げた。加盟時には全譲許品目の関税率は平均13.6%だったが，2006年7月までにほとんどの関税引き下げを終え，最終年の2010年には平均9.8%に引き下げた[25]。中国の関税引き下げ義務の履行に対しては，各国からの評価もおおむね高い。しかし，税関手続きや，税関管区ごとにルールの運用が異なっており，WTO協定違反が見られるとの苦情が絶えない[26]。2009年にはアメリカとの間でWTO紛争に発展している（DS394，DS395，DS398）。

c. サービス自由化

WTO加盟前，外資企業が中国の主要なサービス分野に参入することは厳しく制限されていた。WTO加盟時に，中国は各サービス分野について加盟後およそ5年以内に段階的に緩和，撤廃するとの自由化の約束を行った。中国政府は，建設，運送，金融，電気，通信の各分野で，加盟時の約束にしたがってサービスの自由化を進めてきた。しかし，例外も存在している。例えば2010年には，アメリカが人民元建てのカード決裁を中国国内の業者に独占させ，外国のカード会社の参入を認めていないとして，中国をWTOに提訴した（DS413）。

---

24) Office of the USTR, 2011 Report to Congress On China's WTO Compliance, pp. 92-95.
25) 経済産業省，前掲書，24-25頁。
26) Office of the USTR, op. cit., p. 29.

また，通信分野では新規参入を阻む非公式の制限が依然として存在しており，外資企業は中国の国有企業との共同出資という形でのみ参入が認められている。このため，依然として深刻な参入規制が存在するとの指摘もある[27]。

　このように中国政府は 2006 年頃までに多くの国内法を整備し，WTO ルールとの適合性を保つ努力を行った。中国政府は公式文書で，法治建設，法律体系確立の観点から大きな前進があったと成果を称えている[28]。また，諸外国も 2006 年頃までの中国政府の努力をおおむね高く評価している。しかし実際の法律の運用では依然，人治の要素が強く，法の執行には多くの疑問が寄せられている。2007 年以降は，貿易権の付与や知的財産保護をはじめとして，中国のWTO ルールの遵守状況に疑問が投げかけられるケースが増えている。貿易相手国が中国を WTO 紛争解決制度へ提訴することが頻繁に行われるようになり，結果として，中国の WTO ルール違反の判断が下される事案が増加している。

4. 中国をめぐる WTO 紛争の増加

4.1　加盟から 2006 年頃まで：WTO ルールの「学習」

　WTO は，加盟国が WTO の国際貿易のルールにしたがって貿易できるよう，裁判に似た紛争解決制度を採用している。紛争解決制度により，多くの貿易紛争が迅速かつ公平に解決され，WTO ルールの明確化が図られてきた[29]。

　紛争解決制度では，加盟国の提訴を受けてまず 2 国間協議を行う。2 国間協議は少なくとも 60 日にわたって協議し，合意に至らない場合は請求によって紛争処理小委員会（パネル）が設置される。パネルは 9 ヵ月から 1 年程度の間，内容を審議し，判決にあたる「パネル報告」を作成する。当事国がパネル報告に不服がある場合は，最高裁にあたる上級委員会に上訴することができる。上

---

27)　Office of the USTR, op. cit., pp. 103-105.
28)　国務院新聞弁公室『中国的和平発展道路』2005 年 12 月 22 日。
29)　日本外務省ホームページ「世界貿易機関（WTO）紛争解決制度とは」（2016 年 12 月 2 日最終閲覧）。

級委員会は原則 60 日以内，複雑な問題であれば 90 日以内に報告を作成する。敗訴した国は，1 年程度の履行期間中に勧告内容にしたがう義務を負う。したがわない場合，提訴した側には相手国への輸入関税を引き上げるなどの対抗措置を講じる権利も生まれる[30]。

中国が WTO 紛争解決手続きを申立国として利用した事例は，2001 年 12 月末の加盟から 2006 年の 5 年間で，1 件のみだった。2002 年，中国はアメリカを相手に鉄鋼製品のセーフガード措置をめぐって WTO 紛争解決制度に訴えたが（DS252），単独提訴ではなく，EU と日本とともに行った共同提訴であった。中国が被申立国となったケースも同期間，4 件にとどまった。2004 年 3 月，アメリカ通商代表部（USTR）が半導体の優遇税制に関して中国を WTO に訴えたが，2 国間協議で中国側が譲歩し，パネル設置前に米中両国は合意に達した（DS309）。

このように中国の紛争解決制度への関与が低調で，また訴えられても中国が譲歩した理由は，中国が WTO に加盟したばかりで紛争解決の複雑な手順や WTO の法律知識が欠如していたこと，また貿易相手国も WTO に加盟したばかりのいわば「新参者」である中国を訴えることを控えていたことがあるだろう。

中国は WTO 加盟後から 2006 年までの間に，紛争解決制度に関わる知識を身に付けるため，「関心を有する第三国（以下，第三国）」として数多くの紛争案件に参加した。2002 年から 2006 年までの間に中国が第三国として参加した案件は，全 114 件中 59 件と，全紛争案件の半数以上にのぼった[31]。中国は第三国として WTO の紛争案件に参加することで，紛争協議の進め方や法律知識，交渉術などを学んだのである。

中国政府は WTO ルールに詳しい人材の養成にも力を入れた。中国の WTO 担当省庁である中国商務部は，2006 年までの間にアメリカと WTO の本部が置かれているスイス・ジュネーブに 100 名人以上の役人，学者，法律家を研修

---

30) WTO ホームページ "UNDERSTANDING THE WTO: SETTLING DISPUTES, A unique contribution"（2016 年 12 月 2 日最終閲覧）。

31) WTO ホームページ "Disputes by country/territory"（2016 年 12 月 2 日最終閲覧）。

のために派遣した[32]。また，WTO加盟直前に北京と上海にWTOの研究機関を開設した。北京の対外経済貿易大学に中国世界貿易組織研究院（The China National Institute of the WTO）を設置した。また，上海市政府は2000年10月，諮問機関として上海WTOコンサルティングセンター（The Shanghai WTO Affairs Consultation Center）を開設した。両機関は，これまで中国政府や企業にWTOのルール遵守，紛争解決制度に関する研究成果およびアドバイスを提供している[33]。このように，中国政府にとってWTO加盟後の最初の5年間は，WTOにおける手順や法律知識を学ぶ期間であったと言える。

4.2　2007年以降：単独提訴へ

　中国は2007年以降，WTO紛争解決制度への関わりを強めている。中国が貿易大国になるにつれ，WTOルール違反として貿易相手国から訴えられるケースが増えている。表3-3にあるように，2007年以降には中国が申立国，被申立国となった件数が増えており，なかでも2009年は紛争案件総数14件のうち，実に半数が中国が関わる案件であった。また，表3-4のように，これまでアメリカとEUが中心に紛争解決制度を利用してきたが，2007年以降，中国も紛争解決制度を活用するメインプレーヤーとなった。

　さらに，表3-5のように，中国は2007年から自ら原告として貿易相手国を訴えるようになった。中国による紛争解決制度への申立事件の全13件中，9件はアメリカに対してであり，主な紛争相手国はアメリカである。2007年9月，中国がはじめて単独で，光沢紙に対する反ダンピング（不当廉売）関税の仮決定を不服として，アメリカを提訴した（DS368）。以降，中国は自ら提訴し，アメリカと対等な立場で渡り合うという姿勢をとっている。

　同時に，表3-6のように2007年以降は中国の被申立案件も激増している。加盟後から2006年までの間には4件のみ（同一措置についての複数国申立を1

---

32)　Li, op. cit., 2012, pp. 1125-1127.

33)　上海WTOコンサルティングセンター（上海WTO事務咨詢中心）の公式ホームページ，http://www.sccwto.org（2016年12月2日最終閲覧）。

4. 中国をめぐる WTO 紛争の増加　　　95

表 3-3　中国の紛争案件の推移（2002 年～2016 年 11 月末）

	紛争案件総数(注)	中国による協議要請	中国の被協議要請	中国の参加率
2002 年	37	1	0	2.7%
2003 年	26	0	0	0%
2004 年	19	0	1	5.2%
2005 年	11	0	0	0%
2006 年	21	0	3	14.3%
2007 年	13	1	4	38.5%
2008 年	19	1	5	31.6%
2009 年	14	3	4	50.0%
2010 年	17	1	4	29.4%
2011 年	8	1	2	37.5%
2012 年	27	3	7	37.0%
2013 年	20	1	1	10%
2014 年	14	0	1	7%
2015 年	13	1	2	23%
2016 年	13	0	3	23%
計	272	13	37	18.38%

（注）　紛争案件総数は紛争番号の件数で，当該年に協議要請が行われたものを指す。
（出所）　WTO ホームページ "Chronological list of disputes cases"（2016 年 12 月 2 日最終閲覧）より筆者作成。

表 3-4　各国の紛争解決手続き活用状況

国名	紛争案件数 （うち提訴／被提訴案件数）
1. アメリカ	239（111／128）
2. EU	179（97／82）
3. カナダ	53（35／18）
4. 中国	**50（13／37）**
5. インド	46（23／23）
ブラジル	46（30／16）
7. アルゼンチン	42（20／22）
8. メキシコ	37（23／14）
9. 日本	37（22／15）
10. 韓国	33（17／16）

（注）　1995 年 1 月の WTO 発足から 2016 年 11 月末まで
の数字。なお，2001 年 12 月加盟の中国以外の国はすべて，
1995 年の WTO 発足時からのメンバーである。
（出所）　WTO ホームページ "Disputes by country/terri
tory"（2016 年 12 月 2 日最終閲覧）より筆者作成。

96 第3章 中国の世界貿易機関 (WTO) のルール遵守状況と発言力向上への取り組み

表3-5 中国の申立による紛争案件 (2002〜2016年) 全13件

DS番号	年	被申立国	紛争内容	結果(注)
252	2002	アメリカ	鉄鋼／SG	パネル・上級委違法認定
368	2007	アメリカ	光沢紙／AD, CVD	2国間協議中
379	2008	アメリカ	各種製品／AD, CVD	パネル・上級委一部違反認定，履行確認中
392	2009	アメリカ	鶏肉／SPS	パネル違反認定
397	2009	EC	ファスナー／AD	パネル・上級委違反認定
399	2009	アメリカ	タイヤ／特別SG	パネル・上級委違反不認定
405	2010	EU	革靴／AD	パネル・上級委一部違反認定
422	2011	アメリカ	冷凍エビ／AD	パネル一部違反認定
437	2012	アメリカ	中国からの太陽光パネル等の相殺関税措置	パネル・上級委違反認定，履行期間中
449	2012	アメリカ	対中アンチダンピング・相殺関税措置	パネル・上級委違反認定，履行確認中
452	2012	EU	再生可能エネルギー分野に関する措置	2国間協議中
471	2013	アメリカ	対中アンチダンピング手続の調査手法及び適応	パネル係属中
492	2015	EU	家禽製品の関税措置	2国間協議中

(注1) 2016年12月1日現在の状況。
(注2) AD＝アンチダンピング，CVD＝補助金相殺関税，SG＝セーフガード，SPS＝衛生・植物検疫措置。EC/EU＝2009年12月1日のリスボン条約発効にともない，WTOにおける正式名称も欧州共同体 (EC) から欧州連合 (EU) に変更された。
(参考) 川島富士雄「WTO加盟後10年を経た中国における法制度及び事業環境：グローバル・スタンダードと中国的特色のある制度の衝突？」『組織科学』45 (2)，2011年，207頁。
(出所) WTOホームページ "Chronological list of disputes cases" (2016年12月1日最終閲覧) より筆者作成。

件と数えると2件) だったのに対し，2007年以降は33件 (同一措置についての複数国申立を1件と数えると24件) と急増している。紛争分野を見ると，中国はモノ，サービス，知的財産権と幅広い分野で貿易相手国から申し立てを受けている。紛争の相手国を見ると，中国の被申立全37件のうち19件がアメリカ

4. 中国をめぐる WTO 紛争の増加

表 3-6　中国被申立案件（2002〜2016 年）　全 37 件

DS 番号	年	被申立国	紛争内容	結果
309	2004	アメリカ	半導体／G, SG	2 国間協議で合意
339, 340, 342	2006	EC, アメリカ, メキシコ	自動車部品／G	パネル・上級委違反認定
358, 359	2007	アメリカ, メキシコ	各種税減免等／SCM	パネル設置後，合意
362	2007	アメリカ	知的財産／IP	パネル一部違反認定
363	2007	アメリカ	出版物等／G, S	パネル違反認定
372, 373, 378	2008	EC, アメリカ, カナダ	金融情報／S	2 国間協議で合意
387, 388, 390 (注2)	2008	アメリカ, メキシコ, グアテマラ	各種税減免等／SCM	2 国間協議で合意
394, 395, 398	2009	アメリカ, EC, メキシコ	原材料輸出制限／G	パネル・上級委違反認定
407	2010	EU	鉄鋼留め具／AD	2 国間協議中
413	2010	アメリカ	電子決済／S	パネル違反認定
414	2010	アメリカ	電磁鋼板／AD, CVD	パネル・上級委違反認定
419	2010	アメリカ	風力発電装置／SCM	2 国間協議中
425	2011	EU	X 線検査機器／AD	パネル一部違反認定
427	2011	アメリカ	鶏肉／AD, CVD	パネル・上級委違反認定，履行確認中
431, 432, 433	2012	アメリカ, EU, 日本	レアアース等／G	パネル・上級委違反認定，履行確認中
440	2012	アメリカ	自動車／AD, SCM	パネル違反認定
450	2012	アメリカ	自動車・自動車部品／SCM	2 国間協議中
451	2012	メキシコ	衣服・繊維製品／SCM	2 国間協議中
454	2012	日本	鋼管／AD	パネル・上級委違反認定
460	2013	EU	ステンレス継目無鋼管／AD	上級委違反認定
483	2014	カナダ	セルロースパルプ／AD	パネル係属中
489	2015	アメリカ	実証基地・共通サービスプラットフォームプログラム関連措置	2 国間協議中
501	2015	アメリカ	航空機／関税措置	2 国間協議中
508	2016	アメリカ	原材料の輸出関税	2 国間協議中
509	2016	EU	原材料の輸出に関する関税とその他の措置	パネル設置決定
511	2016	アメリカ	農業生産者に対する国内支援	2 国間協議中

（注1）　2016 年 12 月 1 日現在の状況。
（注2）　DS390 がアメリカにより提起されたのは 2009 年である。
（注3）　AD＝アンチダンピング，CVD＝補助金相殺関税，G＝GATT（物の貿易），IP＝知的財産権，S＝サービス協定，SCM＝補助金，SG＝セーフガード。

による提訴である。以前は2国間協議段階で中国が譲歩し，合意が成立したが，2006年3月の自動車部品問題（DS339）以降，中国は貿易相手国からのWTO提訴を受けて戦うという姿勢をとり始めた。

WTOを舞台に，中国とアメリカをはじめとする貿易相手国との通商摩擦が激化している。アメリカや日本などの貿易相手国は，中国の国内企業への補助金制度や通貨政策がWTOの国際ルールを遵守しておらず，貿易不均衡を助長させていると不満を持っている。

また，中国の被申立案件の多くは，中国政府の国有企業政策に関わるものである。胡錦濤政権では，大型国有企業の市場の寡占が進んだが，政府の国有企業の保護政策，例えば中国の国有企業だけに税の優遇措置を採用したり，主管部門や地方政府が許認可権限を使って外資系企業等の新規参入を拒むことなどは，WTOルールの公平な競争の原則に違反する。貿易相手国は，中国の国有企業優遇政策をアンチダンピング，補助金制度，市場アクセス権などの点でWTOルールに違反しているとして，WTO紛争解決制度に訴えているのである。例えば，2007年にアメリカは中国を，映画や音楽ソフトなど幅広い出版物を輸入する権利が特定の国有企業のみに与えられているとしてWTOに提訴した（DS363）。最終的に中国のWTOパネル違反が認定され，中国側が敗訴した。

オバマ政権はアメリカの景気回復，雇用改善のため，輸出の促進を目指しており，中国を成長市場として米製品の輸出増加を目指した。なかでもアメリカは，得意とする金融や通信などの分野で中国市場への外資の参入が厳しく規制されていることに不満を持ち，WTOへ提訴した（DS373，DS413）。

一方で，中国が提起したWTOへの中国の訴えも，認められるようになっている。2010年9月には，中国産鶏肉の輸入制限問題で，中国は初めてアメリカに勝訴した（DS392）。アメリカは鳥インフルエンザの感染拡大や衛生上の問題を理由に，中国産の鶏肉の輸入を一部停止していたが，WTOのパネル報告書は「科学的な証拠がない措置」との判断を示した[34]。アメリカが上告しなかったため，パネルの判断が確定した。

中国は 2006 年から，アメリカをはじめとする貿易相手国の訴えを受けて立ち，また，2007 年からは自ら貿易相手国を WTO に訴えて戦う姿勢を見せている。そして，中国の主張が認められる判断も下されるようになっている。WTO の紛争解決制度は，中国を国際貿易ルールにしたがって行動させるために，そしてまた，中国が自国の貿易政策の正当性を主張するため，有効に機能していると言えよう。

5. 新たな国際貿易ルール作りへの中国の取り組み

5.1 ドーハ・ラウンドにおける交渉スタイルの変化

次に，WTO の新たな国際貿易のルール作りに対する中国の取り組みを考察する。中国は今後の新たな国際貿易のルール作りを行うドーハ・ラウンドの意思決定プロセスへの関わりを近年，急速に強めているが，中国の取り組みは 2001 年の WTO 加盟当初から活発だったわけではない。上海社会科学院の張磊の分析によると，中国の取り組みは大きく 3 段階に分けることができるという[35]。

第 1 段階は，2001 年から 2005 年である。WTO は 2 年に 1 回開催される閣僚会議が最高意思決定機関であり，閣僚会議は全加盟国で構成され 1 国 1 票の投票権を持っている。WTO は加盟国数が多く，コンセンサスを重視する交渉の場として機能するには困難をともなうため，慣習として少数の貿易大国，すなわちアメリカ，EU，カナダ，日本のいわゆる「四極」が非公式会議を開き，重要政策の立案を行い，その後根回しをし，全員一致で採択に持ち込むという方式で新たな貿易ルールが決まっていた。中国は WTO に加盟したばかりで，WTO の複雑なルールや手続きを学習する段階にあり，積極的に発言したり反対の意思表明を行うことはほとんどなかった。中国にはドーハ・ラウンドの協

---

34) WTO ホームページ "DISPUTE DS392, United States — Certain Measures Affecting Imports of Poultry from China"（2016 年 12 月 2 日最終閲覧）。

35) 張磊「十年巨変：履行成員義務承担大国責任」張幼文・黄仁偉等編『中国国際地位報告（2012）』人民出版社，2012 年，274-276 頁。

議事項の設定や，意思決定の際に必要となる他の貿易パートナーとの多数派形成の能力は備わっていなかった[36]。

第2段階は，2005年から2008年である。2005年12月には，香港でドーハ・ラウンドの第6回部長級会議が開催された。香港閣僚会議の主な議題は，農業，鉱工業品，そして発展途上国に対する優遇措置であった。発展途上国に対する優遇措置とは，後発発展途上国（LDC）からの輸入品に関税をかけず数量枠も設けない「無税無枠」措置であり，その品目の割合と達成時期について議論が行われた。これはアメリカ，EU，日本など先進国がその義務を負うものだった。中国は途上国という立場で義務がないにもかかわらず，みずから後発発展途上国に対する無税無枠の措置を提供した。中国は先進国と途上国の橋渡し役を務め，双方の利害調整を行った。

第3段階は2008年以降から現在であり，中国はWTOの会議に合わせ積極的に独自の提案を行うようになった[37]。例えば，中国は2008年7月の閣僚会合を前に，貿易円滑化ワーキンググループの事務局がとりまとめた合意文書草案の提出に際し，独自にいくつかの提案を行った[38]。各国が提出した提案が他国の関心を集めるか否かは，提案国のWTOにおける影響力によるところが大きい。このため，今後WTO内で存在感を高める中国の提案は，政策決定により大きな影響を与えることになるだろう。

2008年7月には，ジュネーブで153の国と地域が参加し閣僚会議が開催された。WTOの意思決定過程は，国際貿易における新興国の存在感が飛躍的に高まったため，アメリカ，EU，日本，オーストラリア，ブラジル，インドの主要6ヵ国・地域による「G6」が，まず会議を開き，意見調整を行うようになった。その後2008年の閣僚会議において，中国は新たに意思決定の中枢に迎え入れられ，中国を加えたいわゆる「G7」がまず議論を行い，その結果を30数ヵ国の

---

36)　Chi Manjiao, op. cit., 2012, p. 38.

37)　中華人民共和国商務部ホームページ「中国与世貿組織：回顧和展望」，2010年7月22日（2013年5月28日閲覧）。

38)　美野久志「日本・中国の貿易円滑化とその課題——WTO新ラウンドと日本・中国を核とする広域貿易の促進」『貿易と関税』57 (1)，2009年，34-35頁。

会合へ，さらに全加盟国参加の全体会合へ徐々に広げるという形になった。自国の主張を反映させるためには意思決定プロセスの中心に入る必要があるが，中国は加盟から7年余りでWTOの意思決定の中枢に入った。

　しかしこの閣僚会議において，中国はそれまでの先進国と途上国の橋渡し役から態度を変え，自国の利益を強く主張した。中国，インドの2ヵ国とアメリカは，途上国向けの農産品に対する特別セーフガード（緊急輸入制限）の発動条件と，アメリカが推進した産業分野別の関税引き下げ合意案をめぐって激しく争った。結果，合意直前まで進んでいたドーハ・ラウンド交渉は最終段階で決裂した。アメリカでは，中国の対応変化に対する批判の声が相次いだ[39]。交渉行き詰まりの要因は，加盟国の増加，扱う項目の増加，一括受託方式のむずかしさなどが指摘できるが，中国をはじめとする新興大国とアメリカとの利害対立という新たな要因が加わったことで，ドーハ・ラウンドにおける交渉妥結は一層困難な状態となっている。

　WTO加盟各国は，WTOによる国際貿易のルール作成の試みが挫折する状況を受けて，2国間などの自由貿易協定（Free Trade Agreement，以下FTA）の枠組みを模索する動きを強めている。FTAはもともとGATT第24条でMFNの例外として認められていたものであるが，例外のほうが常態化しつつある。しかしこのような状況はさまざまな問題が指摘されている。FTAのみでは国際的な自由貿易主義を支える政治的基盤が収縮する，WTOの紛争処理制度との関係，メンバーシップの問題，他の地域的FTAとの関係などであり，また，WTOとFTAは互いに補完し合う関係であり両立するとの意見もある[40]。

　今後の自由貿易のルール作りにおいて，WTOとFTAのどちらが主導的な役割を果たすかは不確定要素が多く流動的であるが，中国は輸出促進や海外投資をFTAで補強する戦略を進めている。

39）　各国の代表が交渉決裂に落胆したが，アメリカからは中国，インドを激しく非難する声が強まった。例えばC. Fred Bergsten, "China and the collapse of Doha", *Foreign Affairs*, August 27, 2008.
40）　小寺彰「FTAとWTO——代替か，補完か？」『国際問題』No. 556，2007年11月，5-11頁。

102   第3章　中国の世界貿易機関（WTO）のルール遵守状況と発言力向上への取り組み

5.2　発言力獲得へ

　中国は WTO に加盟したことで，国際貿易のルール作りへ参加する権利を得た。中国はこれまで，既存の国際経済秩序，ブレトン・ウッズ体制の形成に関与できないまま，欧米主導の現行のルール，規範に自らを合わせなければならなかったと繰り返し不満を表明してきた[41]。第 12 次 5 ヵ年計画（2011〜2015年）においても，「国際経済秩序をより公正で合理的な方向へ発展させるべく，国際経済体制の改革を推進し，自らがそれに積極的に関与する」と明示している[42]。この言葉どおり，中国は WTO においても機関内での影響力，発言力向上のためさまざまな働きかけを行ってきた。

　まず，金銭的な貢献である。表 3-7 にあるように，中国は年々，WTO の会費納入額を増やし金銭的な貢献を行っている。会費分担率は，メンバー国の過去 3 年間のモノ，サービス，知的財産権のデータに基づく国際貿易におけるシェアにより決定される。WTO はコンセンサスによる決定を原則としており，出資比率に応じて議決権が分配される IMF や世界銀行とは意思決定の方式が異なる。しかし中国の分担率が高くなるほど，WTO における中国の影響力も高まっていくものと見られる。

　同時に，中国は WTO における高官ポストの獲得を目指している。実際，2008 年には 2 名の中国人女性が WTO の高官ポストに就任した。元西アフリカ開発銀行理事で汕頭大学法学院教授の張月姣は，2008 年 6 月 1 日から任期 4年の WTO 上級委員会委員の職に就いた。WTO 上級委員会は，WTO の紛争解決制度の公平性と信頼性を増すため設置されたもので，上級委員会は個人の資格で任命される 7 人の委員により構成されている。張は中国人として初めて，委員の座を獲得した[43]。同年 7 月には，駐 WTO 代表団外交官の郭雪艶が，TBT（貿易の技術的障害に関する協定）委員会の主席に選出された[44]。

---

41)　大橋英夫「中国の経済外交：WTO ドーハ・ラウンド交渉の事例」『中国外交の問題領域別分析研究会報告書』日本国際問題研究所，2011 年，35 頁。

42)　中華人民共和国「国民経済発展和社会発展第十二個五年規画綱要，第五十三章 積極参与全球経済治理和区域合作」2011 年 3 月 16 日。

43)　新華網「中国祝賀張月姣女士等当選 WTO 上訴機関成員」2007 年 11 月 28 日。

表 3-7　WTO 予算の分担率の推移

順位	2002 年		2011 年		2015 年	
1	アメリカ	15.723%	アメリカ	12.422%	アメリカ	11.312%
2	ドイツ	9.291%	ドイツ	8.856%	**中国**	**8.619%**
3	日本	6.629%	**中国**	**6.878%**	ドイツ	8.154%
4	イギリス	5.862%	日本	4.963%	日本	4.494%
5	フランス	5.541%	イギリス	4.841%	フランス	3.960%
6	イタリア	4.407%	フランス	4.489%	イギリス	3.877%
7	オランダ	3.625%	イタリア	3.741%	イタリア	3.073%
8	カナダ	3.914%	オランダ	3.233%	オランダ	2.984%
9	香港	3.345%	カナダ	3.021%	韓国	2.881%
10	**中国**	**2.973%**	韓国	2.685%	カナダ	2.632%
	計	100%	計	100%	計	100%

（出所）　WTO ホームページ "Members' contributions to the WTO budget and the budget of the Appellate Body for the year 2002, 2011, 2015"（2016 年 12 月 2 日最終閲覧）より筆者作成。

　中国は，WTO 事務局の正職員に関しても中国籍の人材の増加を求めている。WTO はスイスのジュネーブに本部を置くが，表 3-8 にあるように，地理的条件，使用言語の問題等からこれまでフランスをはじめとするヨーロッパの国々の人員が多くを占めていた。事務局の職員が各国を代表して職務を行うことはないが，中国は EU，アメリカとの差が大きすぎると不満を持っている。中国では，国際機関，国際社会における「発言権（中国語で『話語権』）の拡大」が盛んに議論されており[45]，今後も自国の発言権拡大のため，WTO 内で中国のポスト要求が強まるものと見られる。

---

44)　湖南省商務庁世界貿易組織処「我常駐 WTO 代表団郭雪艶女士当選為技術性貿易壁塁委員会主席」2008 年 7 月 7 日。

45)　例えば張誼浩・裴平・方先明「国際金融話語権及中国方略」『世界経済与政治』2012 年 1 期，112-127 頁。

104   第3章   中国の世界貿易機関（WTO）のルール遵守状況と発言力向上への取り組み

表3-8   WTO 事務局の職員数

国家（注1）	2012 年 12 月末 （総数 629 名）	2014 年 12 月末 （総数 634 名）
EU（注2）	368	343
アメリカ	30	31
インド	12	13
ブラジル	8	11
オーストラリア	8	12
中国	**5**	**13**
日本	3	4

（注1）　今次，WTO の意思決定を行ういわゆる「G7」，すなわち EU，アメリカ，インド，ブラジル，オーストラリア，中国，日本の WTO 事務局員数を比較した。
（注2）　EU の内訳は以下のとおり。フランス（181→169 名），イギリス（72→56 名），スペイン（46→39 名），ドイツ（16→19 名），イタリア（13→19 名），アイルランド（11→11 名），オーストリア（5→5 名），ベルギー（5→5 名），ポーランド（5→4 名），スウェーデン（4→3 名），デンマーク（2→2 名），エストニア（1→1 名），ハンガリー（1→1 名）。
（出所）　WTO ホームページ "Overview of the WTO Secretarit"（2013 年 5 月 28 日，2016 年 12 月 2 日閲覧）より筆者作成。

6. 対応変化の要因分析

　ここまで WTO 加盟後の中国と WTO の関係について諸側面から分析した。その結果，中国政府は 2006 年頃までは，WTO ルールに合致するよう国内法を整備するなど WTO ルールの遵守に前向きに取り組んだ。しかし 2007 年以降は，中国の政策が WTO ルール違反と判断され，紛争解決制度に提訴されるケースが増えている。同時に，中国政府も WTO 紛争解決制度を積極的に活用し，自ら訴えを起こすようになった。新たな国際貿易のルール作りを行うドーハ・ラウンドにおいて，中国は 2008 年頃から交渉スタイルを変更し，積極的に主張するようになり，結果として，中国と欧米諸国との対立が激しくなっている。これら中国の対応変化の要因としては，以下の大きく 2 つがあるものと考える。

6. 対応変化の要因分析　　105

　第1は，中国の経済大国化がもたらした変化である。中国は経済大国となるにしたがって輸出主導型から内需主導型へ経済成長モデルの転換を図っている。中国は2000年代半ばまで，外国からの投資，技術導入を行って輸出中心の経済成長を遂げた。2003〜2007年は5年連続で2桁成長を続け，中国は巨額の貿易黒字と外貨準備を蓄えた。一方で，中国と貿易相手国との間で貿易摩擦が激化した。先進国だけでなく開発途上国も，中国の貿易政策をWTOの紛争解決制度に訴えるようになった。中国は，深刻化する貿易摩擦，巨額の経常黒字に直面し，2000年代なかばから徐々に従来の輸出振興策を修正するようになった。

　2006年3月に批准された「第11次5ヵ年計画（2006〜2010年）」で，中国政府は経済発展の方式転換を表明した[46]。その後の世界金融危機で，中国政府は緊急対策をとったが，2011年3月発表の「第12次5ヵ年計画（2011〜2015年）」では，冒頭に経済発展方式の転換を表記し[47]，投資・輸出主導型成長から消費・内需主導型成長に転換することを強調した。中国は，経済成長の柱を内需拡大に求める姿勢を強めており，WTO加盟時の目的の一つである対外経済活動のための安定した国際環境の獲得は，依然重要であるものの，2000年代前半よりはその重要性が低下していると言えよう。

　また，中国が経済大国となったことで，WTOドーハ・ラウンドはアメリカと中国を含む新興大国の対立という新たな要因が加わり，新たな国際貿易のルールを決定することができず停滞している。各国は自由貿易推進のための国際的枠組みとして，WTOよりもFTAといった地域内，または2国間の自由貿易協定の枠組みを重視する方向に，政策を転換している。中国も同様で，FTA締結を貿易相手国と進めている。WTOドーハ・ラウンドが停滞していることで，中国は国際貿易ルール策定プロセスへの参入という，WTO加盟当初に想定していた目的の達成が難しくなっている。

　第2は，中国国内のアクターの利益保護のためである。いずれの国家も自国の国内産業を保護しようとするが，中国も同様に国内産業の保護政策を採用し

---

46)　中華人民共和国「国民経済発展和社会発展第十一個五年規画綱要」2006年3月14日。

47)　中華人民共和国「国民経済発展和社会発展第十二個五年規画綱要」2011年3月16日。

てきた。中国の WTO 加盟が決まると，政府はなかでも国際競争にさらされる
ことになる国有企業の改革を急いだ。政府は大型国有企業の改革を後押しし，
国際競争力を付けるべくさまざまな支援を行った。国有石油企業3社，中国石
油天然気集団公司（CNPC），中国海洋石油総公司（CNOOC），中国石化集団公司
（Sinopec）を，それぞれの中核となる事業を子会社に移した上で，2000年から
2001年にかけてニューヨーク，香港など海外への株式を上場し，民営化し
た[48]。

　2003年3月，中国政府は大型国有企業の管理，監督を行うため，国務院直属
の国有資産管理委員会を設立した。2006年12月，国有資産管理委員会は意見
書を交付し，「軍事，電網・電力，石油石化，電信，石炭，航空輸送，船舶輸送
の7業種は政府が『絶対的なコントロール』を有する産業である」と発表し
た[49]。国有資産管理委員会が監督する国有企業は「中央企業（中企）」と呼ばれ，
政府の優遇政策を背景に世界屈指の大企業に成長し，中国の経済成長をけん引
していった。アメリカの経済誌『フォーチュン』が発表する世界のトップ企業
500にランクインする中国の大手国有企業は，WTO加盟以降増え続けた。
2001年には6社だったが，2012年7月発表分では73社にのぼり，日本を抜い
てアメリカの132社に次ぐ第2位となった[50]。

　このような大型国有企業を支配する党幹部が富豪になり，政府の政策を左右

---

48)　佐藤美佳「驚くべき変貌を遂げた中国国有石油会社の民営化」『石油／天然ガスレビュー』2002
年5月，19頁。

49)　国有資産管理委員会は，2003年3月設立の，国有企業の管理，監督を行う国務院直属の機関であ
る。国有企業の役員クラスの任命や国有企業に関する法令の起草などを行う。2006年12月の意見書
ではこのほか「設備製造，自動車，電子情報，建設，鉄鋼，有色金属，化学工業，資源探査・設計，
科学技術の9業種は政府が『比較的強いコントロール』を有する産業である」と定めた。「国務院弁公
庁轉発国資委関于推推国有資本調整和国有企業重組指導意見的通知（97号文件）」2006年12月5日。

50)　Fortuneホームページ "Fortune 500 2012", "Fortune 500 2000"（2016年12月2日最終閲覧）。
なお，ランキング上位には大型国有企業が入っている。石油3社（中国石油，中国石油化学，中国海
洋石油），通信キャリア3社（中国移動，中国電信，中国聯合通信），四大国有銀行（中国工商銀行，
中国建設銀行，中国農業銀行，中国銀行），二大送電企業（国家電網，中国南方電網），三大国有自動
車メーカー（上海汽車，第一汽車，東風汽車），三大国有鉄鋼会社（宝山製鉄，首都製鉄，武漢製鉄）
などの基幹産業が含まれている。金堅敏「台頭する中国の国有企業の深層」富士通総研，2013年1月
10日。

する「特殊利益集団」を形成するようになっていった[51]。巨額の富を得た大型国有企業は，その代表である特定の指導者を通じて対外政策にも影響を与えるようになっている。

　経済大国となった中国は，特に世界金融危機に象徴される世界経済の大きな構造変動を受けて，国内産業の保護政策をWTOルールに反していようとも，それを推し進めるようになっている。中国指導部は，経済成長によって，アメリカをはじめとする国際社会と向き合い，自己主張するようになった。中国はWTOの国際貿易ルールの上で貿易を行うことで，経済成長を遂げていったが，経済大国となった2000年代後半からは国際ルールにしたがうというよりは，自らのルールに基づいた政策を推し進めている。

　中国は，貿易相手国との間で貿易摩擦が激しくなり，自国の貿易利益を守るために対処する必要があった。中国国内では，WTOの紛争解決制度は，他の加盟国が貿易保護主義に傾くことや協定違反の防止に役立つと同時に，中国の貿易利益を守るものであると肯定的な意見が広く共有されている[52]。貿易大国となった中国と，貿易相手国との間のWTOを舞台とした紛争は，今後も激しさを増していくだろう。

7.　おわりに

　本章は中国の国際通商体制への取り組みとして，中国とWTOの関係を，中国の現行のWTOルールに対する対応，そして新たな貿易ルール作りへの取り組みという大きく2つの側面から検証した。中国は2001年12月のWTO加盟以降，輸出中心の貿易大国となり，2010年には世界第2の経済大国へと成長

---

51)　清水美和「対外強硬姿勢の国内政治：『中国人の夢』から『中国の夢』へ」国分良成編『中国はいま』岩波新書，2011年，17頁。

52)　例えば，田豊「中国与世界貿易組織争端解決機制：評估和展望」『世界経済与政治』2012年第1期，128-146頁。胡加祥「中国入世十年争端解決実証分析」『上海交通大学学報』2011年5期，5-16，40頁。中国商務部ホームページ「与常駐世界貿易組織代表団常駐代表孫振宇大使網上交流」2009年6月19日。

した。中国は，WTO の国際貿易ルールにのっとって世界各国と貿易を行うことで，経済大国へと成長したのである。しかし，2000 年後半からは，貿易相手国から中国の政策は WTO ルールに反していると訴えられるケースが相次いでいる。貿易相手国は中国に，WTO の国際貿易ルールにしたがうよう働きかけを強めている。しかし中国は経済大国となった 2000 年代後半からは，自らのルールに基づいた政策を推し進めている。

　2016 年 12 月 11 日，中国の WTO 加盟から 15 年の月日が経った。これまで中国は，政府の市場への関与が大きいことを理由に WTO で「非市場経済国」と位置付けられてきた。この待遇措置が 15 年の期限を迎えたが，EU，アメリカ，日本は引き続き中国を「市場経済国」として認定しない方針を発表した。貿易相手国はこれまで中国から輸入される不当に安い製品に対し，貿易救済措置であるアンチダンピング（不当廉売）関税を課して，自国の産業を保護してきた。中国は貿易相手国に対し，再三，「市場経済国」と認めるよう働きかけてきたが，中国の働きかけは認められなかった。今後は，中国の反撃も予想される。中国の WTO に対する対外行動に，引き続き注視する必要があるだろう。

第4章 中国の国際人権条約，国連人権理事会，国際労働機関への対応変化

1. はじめに

中国は1978年の改革開放以降，国際機関に次々に加盟した。人権の領域においても，1982年に中国は国連人権委員会（2006年からは国連人権理事会に改組）の正式メンバーとなり，1983年には労働者の権利保護を目的とする国際労働機関（ILO）の総会に代表団を派遣して活動を開始した。人権の国際レジームに加盟したことは，中国が国際的な人権規範やルールを支持し，遵守する国家となったものと一般的にみなされる[1]。

しかし中国は，人権は生存権などの社会権が重要であり，国家の事情によって実施されるべきであるとの立場をとっている。欧米諸国が重視する人権概念は言論の自由や政治的権利といった自由権が中心であるため，両者の隔たりは大きい。さらに国際社会は，チベットやウイグルなどの少数民族に対する社会的抑圧や人権活動家に対する締め付けなど中国国内の人権状況に懸念を抱いているが，問題は解決されないままである。

先行研究の多くは，中国の人権領域の国際機関外交をめぐって，中国が国際機関に加盟することで，中国は国際ルールを学習し，適応しようと努めるため，中国の人権概念が徐々に変化すると論じている。ローズマリー・フット

---

1) 勝間靖「アジアにおける人権レジームの構築：グローバル人権規範の需要とASEAN人権委員会」『アジアの人権ガバナンス』勁草書房，2011年，5頁。

110 第4章 中国の国際人権条約，国連人権理事会，国際労働機関への対応変化

（Rosemary Foot）は，人権白書等を詳細に検証した結果，中国は国家主権や内政不干渉を論じることが依然多いものの徐々に国際人権規範に基づいた主張を行うようになっている，と指摘した[2]。アン・ケント（Ann Kent）は，国際人権レジームへの参加が中国の国際人権条約の署名を促した[3]，中国は人権領域の国際機関への参加によって，普遍的な人権概念を徐々に受け入れるようになった，と論じた[4]。

東郷育子は，「外圧」と「内圧」との視点から中国の人権への取り組みを論じた。国際社会は中国に対し2国間の人権対話に加え，国連人権委員会での攻防や調査活動，国連人権高等弁務官の中国訪問など，さまざまな形で人権状況の改善を要求する圧力をかけ続けた。これら国際社会からの圧力を「外圧」とすれば，市場経済化にともなう生活向上と情報革新にともなう自由と権利の拡大といった国内からの圧力は「内圧」として浸透しつつある。中国政府はこれら内外圧を同時にコントロールすることが求められるが，その成否のカギは人権に対する統制管理政策の運用にかかっている[5]。

しかしながら2000年代後半以降，先行研究が指摘するように中国が国際ルールを学習し，遵守するという概念だけでは，中国の人権領域における国際機関外交を説明するのはむずかしくなっている。中国の国際機関外交の説明に学習，適応といった概念が有効だったのは，中国の国際社会との接触が不十分な時代であった。経済成長を続け，中国が経済大国となったことで，中国の国家目標の変化などの変化が生まれている。中国自身の変容を考慮せず，中国の国際機関への対応を以前と同じ概念から説明するのはむずかしい。2000年代後半以降の中国の国際機関外交を論じるには，中国の大国化という中国自身の変

---

2) Rosemary Foot, *Rights Beyond Borders: the global community and the struggle over human rights in China*, Oxford University Press, 2000.

3) Ann Kent, *China, the United Nations, and Human Rights: the limits of compliance*, University of Pennsylvania Press, 1999.

4) Ann Kent, *Beyond Compliance: China, international organizations, and global security*, Stanford University Press, 2007, pp. 181-219.

5) 東郷育子「天安門事件後の中国人権状況の変容とその政策過程——内外圧への抵抗・受容・吸収の力学」『国際政治』145号，2006年，72-92頁。

化，そして中国国内の変化を見ていく必要があるだろう。

　本章では，中国の人権領域での国際機関への対応を，国際人権条約，国連人権理事会，そして国際労働機関（ILO）への対応から検証する。第2節では国際的な人権の概念を整理し，中国が重視する社会権（生存権）と欧米が重視する自由権との対立を整理する。その後，中国の国際人権条約の批准状況を見る。第3節では，外圧としての国連人権委員会，国連人権理事会における中国の対応を振り返る。第4節では，中国の経済成長を支えてきた労働者の権利保護に焦点を当て，中国のILO基本条約の批准状況を検証する。最後に本章のまとめとして，中国の対応変化の要因分析を行う。

2.　中国にとっての人権：自由権か社会権か

2.1　欧米の自由権と中国の社会権（生存権）

　まず人権の概念を整理すると，人権とは人間であるだけで持つ権利であり，すべての個人が普遍的価値として等しく有する不可譲の権利を言う[6]。人権の具体的な内容は，登場時期により大きく3つに分けられる。すなわち，自由権，社会権，集団権である。

　18世紀末に登場した自由権は，政府による市民生活への介入からの自由を意味し，選挙権や参政権などの政治的権利，言論の自由，信仰の自由，財産権などの市民的権利を含む。社会権は19世紀末以降に登場したもので，工業化を背景に経済的格差を是正するとの考えに基づいており，労働権，教育権，健康で文化的な生活を送る生存権などを含むものである。集団権は，第二次世界停戦後に登場し，人権を持つとみなされる対象が宗教的・民族的な少数派，先住民族，女性などの集団にも拡大されたもので，発展への権利などを含む[7]。欧米諸国においては，人権概念の中核は個人であり，人権の中でも自由権が重要視されている。

---

6)　佐藤正志「人権」『政治学事典』弘文堂，2000年，522頁。
7)　三浦聡「人権」山田高敬・大矢根聡編『グローバル社会の国際関係論』有斐閣，2006年，208頁。

112　　第 4 章　中国の国際人権条約，国連人権理事会，国際労働機関への対応変化

　中国政府は 1991 年に初めて発行した人権白書『中国の人権状況』のなかで，政府の人権に対する基本的な立場を明らかにしている。それは，「依然として経済は発展途上の段階にあり，限られた資源と膨大な人口を抱え，『社会騒乱』が起きれば人民の最も重要な権利である『生存権』が脅かされる」，「国家の独立と主権の維持は中国人民の生存と発展にとって不可欠である」というものだった 8)。中国において生存権とは，個人の国家に対する給付請求権ではなく，国家権力が外国の攻撃から国を防衛することであり，それが間接的に国民の生存確保に貢献することを意味している。中国ではすべてが社会という集合体から出発し，中国の伝統においても，社会主義のイデオロギーにおいても，権利は上から付与されるものであり，もともと存在するものではないのである 9)。

　一方で，欧米諸国からの批判をかわすように，胡錦濤政権では人権状況改善の姿勢をアピールしている。2004 年に 82 年憲法に 4 回目の改正を行い，「国は人権を尊重し保障する」（修正第 24 条）という文言を規定した。これは中国政府が人権には普遍的な側面があることを一定程度，承認する立場へ転じたと解されている 10)。

　さらに「人権白書」の 2003 年版，2004 年版，2009 年版を発表した 11)。3 つの「人権白書」はともに，「国家や民族といった集団としての生存権が最も解決されなければならない人権問題であること」，「人権問題はそれぞれの国情によって実施されるべきこと」，そして「市民権と政治権保障のために政府はさまざまな努力を行っていること」などを明記した 12)。

---

8)　国務院新聞弁公室『中国的人権状況』第一章，1991 年 11 月。

9)　中園和仁「中国の人権問題と民主化」『中国がつくる国際秩序』ミネルヴァ書房，2013 年，177-178頁。

10)　中国憲法にはこれまで人権という用語は登場せず，代わりに「市民の基本的権利および義務」という表現が使われていた。木間正道ほか編『現代中国法入門　第 5 版』有斐閣，2009 年，88 頁。

11)　中国政府は天安門事件で欧米諸国から厳しい人権批判を受け，1991 年に初の「人権白書」を発表した。その後，1995 年版，1996 年版，1998 年版，2000 年版を，胡錦濤政権で 3 つの「人権白書」を公表した。習近平政権では，2012 年版，2013 年版の「人権白書」を発表している。国務院新聞弁公室，http://www.scio.gov.cn/zfbps/（2016 年 1 月 30 日閲覧）。

12)　国務院新聞弁公室『2003 年中国人権事業的進展』2004 年 3 月 30 日。国務院新聞弁公室『2004 年中国人権事業的進展』2005 年 4 月 13 日。国務院新聞弁公室『2009 年中国人権事業的進展』2010 年 9

2. 中国にとっての人権：自由権か社会権か   113

2009年には国務院新聞弁公室が、「国家人権行動計画（2009-2010）」を発表した[13]。このなかで、改善すべき市民的および政治的権利（第2章）として、①人身の自由、②被疑者・被告人の権利、③公正な裁判を受ける権利、④信教の自由、⑤知る権利、⑥参政権、⑦表現の自由、⑧国に対する監督権、を挙げた。また、「立法、司法、行政改革を継続して行い、国内法と国際人権条約の自由権規約との整合性を図ることで早期批准の条件を整える」、と表明した[14]。なかでも知る権利や表現の自由にも触れた点が新しい。

2012年にも、政府は「国家人権行動計画（2012-2015）」を発表し、継続して人権改善に取り組んでいく姿勢を内外にアピールした。しかし、「中国の国情を考慮した上で人権を尊重する」、との前提条件を明記しており[15]、基本的な方針は従来と変わっていない。

このように、中国政府は人権状況改善に対する取り組みを白書などの形で公表し、国際社会に向けてアピールしている。しかしその中身を見ると、依然として中国においては個人ではなく社会や集合体が中心であり、権利は「上から付与されるもの」との姿勢をとり続けている。

中国の人権認識について、毛里和子は1996年の時点で以下のように論じた。1990年代前半、欧米からの人権圧力、自身の経済発展、国際社会への本格的な参入という新状況のなかで、国権主義的な法制化や主権と国権の絶対化が進んだ。中国の人権認識および人権状況は、自由権などの人権の核心部分および民族自決権などの分野では進展があるといえず、課題はますます重くなっている[16]。

月26日。

13) 2009年は、民主化運動を武力弾圧した天安門事件20周年の節目の年であった。中国政府は民主化を求める「零八憲章」署名の知識人を相次いで拘束するなど、国際社会から中国の人権状況に対する懸念が広まった。国連人権理事会の普遍審査が行われた年でもあった。

14) 国務院新聞弁公室『国家人権行動計画（2009-2010）』2009年4月13日。

15) 国務院新聞弁公室『国家人権行動計画（2012-2015）』2012年6月11日。

16) 毛里和子「中国の人権状況：わずかな前進・重い課題」『アジア諸国における人権の総合的研究』外務省国際情報局、1996年、36-47頁。その他、毛里の人権をめぐる研究には以下がある。毛里和子「中国・アジアの『人権外交』批判」『アジア諸国における人権概念の考察』外務省国際情報局、1994年、28-37頁。毛里和子「中国の人権議論と自己認識」『アジア諸国における人権概念と人権状況』外

114　第4章　中国の国際人権条約，国連人権理事会，国際労働機関への対応変化

それから20年の月日が流れたが，人権をめぐる法整備ではいくらかの進展が認められるものの，中国政府の人権概念，そして国内の人権状況改善に向けた実際の対応には大きな発展は見られない。中国政府は，憲法改正時に人権という文言を規定し，「人権白書」などの公式文書を発表することで，中国なりの人権を促進していくさまざまな努力を行っていると主張する。しかし中国が言う人権は，欧米諸国の個人を中心とする概念，自由権を中核とする人権概念とは隔たりが大きいままである。

2.2　国際人権条約の自由権と社会権の中国の批准状況

中国が自由権の概念を受け入れるか否かは，中国の国際人権条約の批准状況にも現れている。国際人権条約は，世界人権宣言の内容を基礎として条約化したものである。国際人権条約のうち，その遵守を監視する専門家から構成される条約委員会をともなったものは9条約あり[17]，なかでも「経済的，社会的および文化的権利に関する国際規約」（社会権規約，または国際人権A規約）と，「市民的および政治的権利に関する国際規約」（自由権規約，または国際人権B規約）の2つが包括的な内容となっている。

表4-1のように，中国は1990年代から2000年代半ばにかけて，主要な国際人権条約に署名，批准した。中国政府は，社会権規約を1997年に署名し，2001年に批准した。一方，自由権規約については1998年に署名したものの，現在も未批准のままである。

自由権規約の批准に関しては，これまで国際社会からの外圧，そして国内からの内圧として，中国政府にさまざまな批准を迫る要求が行われてきた。国際社会はこれまでに，2国間の人権対話に加え，国連人権委員会での攻防や調査活動，国連人権高等弁務官の中国訪問などを行ってきた。

さらに，中国国内からも自由権規約の批准を求める声が出ている。北京五輪

務省国際情報局，1995年，42-52頁。毛里和子「現代中国の人権：二つの伝統・二つの国権主義」『現代中国：歴史的連続性と不連続性』シリーズ中国領域研究第3号，1997年2月，38-49頁。

17)　条約委員会の監視の対象国は，条約の締結国である。

2. 中国にとっての人権：自由権か社会権か　　　115

表4-1　中国の主要な国際人権条約の署名，批准状況

国際人権条約	国連総会の採択	中国の署名	中国の批准
経済的，社会的および文化的権利に関する国際規約（社会権規約・A規約）International Covenant on Economic, Social and Cultural Rights（ICESCR）	1966年12月16日	1997年10月27日	2001年3月27日
市民的および政治的権利に関する国際規約（自由権規約・B規約）International Covenant on Civil and Political Rights（ICCPR）	1966年12月16日	1967年10月5日（中華民国）1998年10月5日（中国）	未
人種差別撤廃条約（あらゆる形態の人種差別の撤廃に関する国際条約）International Convention on the Elimination of All Forms of RacialDiscrimination（ICERD）	1965年12月21日	1966年3月31日（中華民国）	1970年12月10日（中華民国）1981年12月29日（中国）
女子差別撤廃条約（女子に対するあらゆる形態の差別の撤廃に関する条約）Convention on the Elimination of All Forms of Discrimination against Women	1979年12月18日	1980年7月17日	1980年11月4日
拷問等禁止条約（拷問および他の残虐な，非人道的なまたは品位を傷つける取り扱いまたは，刑罰に関する条約）Convention against Torture and Other Cruel, Inhuman or Degrading Treatment or Punishment（CAT）	1984年12月10日	1986年12月12日	1988年10月4日
児童の権利条約（児童の権利に関する条約）Convention on the Rights of the Child（CRC）	1989年11月20日	1990年8月29日	1992年3月2日
すべての移住労働者とその家族の権利の保護に関する国際条約International Convention on the Protection of the Rights of All Migrant Workers and Members of Their Families（ICRMW）	1990年12月18日	未	未
障害者の権利に関する条約Convention on the Rights of Persons with Disabilities（CRPD）	2006年12月13日	2007年3月30日	2008年8月1日
強制失踪条約（強制失踪からのすべての者の保護に関する国際条約）International Convention for the Protection of All Persons from Enforced Disappearance（CPED）	2006年12月20日	未	未

（参考）　以下を参考に筆者作成。
United Nations Treaty Collections Databese. Gerald Chan, Pak K. Lee and Lai-Ha Chan, *China Engages Global Governance : a new world order in the making?*, Routledge, 2012, p. 82. 日本外務省ホームページ「人権外交」（2016年12月30日最終閲覧）。

開催前の 2008 年 1 月，中国の法律学者らが，自由権規約の批准を全国人民代表大会で承認することを求める嘆願書を提出した[18]。

3 期目となる国連人権理事会の理事国への立候補，そして 2 回目の普遍的・定期的審査を控えていた 2013 年 2 月には，120 名以上の学者，法律家，ジャーナリストらが全国人民代表大会に，憲法上の人権促進と法の支配，自由権規約の批准を求める嘆願書を提出した。これは于建嶸，浦志強といった著名な学者や弁護士が中心となったもので，「中国の現実と国際人権条約が求める人権の基準とは大きな隔たりがあり，建前だけでなくいまこそ自由権規約を批准すべきである」と主張したものである[19]。さらに，同年 7 月には上海の住民 95 名が自由権規約を即時に批准するよう，署名活動を行いインターネット上に公開した[20]。

しかし，中国政府はインターネットに多く出回った嘆願書の大部分を即時に削除した。中国政府は，自由，人権，民主主義，情報公開などについての国内外からの要求に対し，厳しい対応をとり続けており，特に 2012 年秋からの習近平政権では人権活動家や弁護士の拘束が相次いでいる。

3. 中国の人権をめぐる国連人権理事会での攻防

3.1 国連人権委員会（2006 年以前）

国連人権委員会は，国連の経済社会理事会に属する機能委員会であった[21]。中国は，1979 年から国連人権委員会のオブザーバーとなり，1982 年に正式メンバーとなった。しかしこの間，中国はいかなる責務も負わず，活動は限定的だ

---

18) Commission on China, "Thousands of Chinese Citizens Call for Ratification of ICCPR Before Olympics", May 5 2008. Wendy Zeldin, "China: Legal Scholars Call for Ratification of ICCPR", 2 February 2008.

19) South China Morning Post（南華早報）, "Petition urges NPC to ratify human rights treaty in China", 28 Feb 2013.

20) 維権網「近百名上海民衆呼吁人大批准《公民権利和政治権利国際公約》」2013 年 7 月 24 日。

21) 機能委員会とは，国連の審議機関の一つで，各専門の分野における問題について審議し勧告を行う。

3. 中国の人権をめぐる国連人権理事会での攻防　　117

った。

1989年6月の天安門事件が発生すると，中国を取り巻く国際環境が大きく変わった。中国は人権をめぐり国連人権委員会で厳しく非難された。1990年には，国連人権委員会で「中国の人権状況」改善を求める決議案が提出された。欧米諸国はこの後，1992年，1993年，1994年と対中決議案を提出した。中国はいずれに対しても「不採決動議」を提出し，これが発展途上国などに支持されたため，採決には至らなかった。

1995年は，対中決議案の採択可能性が最も高まった年であった。決議案の共同提案国には欧米各国に加え，日本も名を連ねた。中国の「不採決動議」が初めて賛否同数で否決され，決議案への投票に移った。この際，ロシアが最後の投票の際に態度を変えた。このため，賛成20，反対21，棄権12と，1票差で対中決議案の否決が決まった。中国外交部のスポークスマンは「欧米の内政不干渉の試みが失敗した」，と欧米の提案国を非難した[22]。

その後も欧米各国は，1996年，1997年，1999年，2000年，2001年，2004年と6回にわたり，対中決議案を国連人権委員会に提出した。対する中国は，反論を繰り返し，多数派工作を行った。このため，対中決議案は人権委員会を通過したことはなく，国連経済社会理事会そして国連総会に上程されたこともない[23]。

なお，1991年，1998年，2002年，2003年，2005年には非難決議が提出されなかった。これは，共同提案国が得られなかったり，中国側が大物の民主活動家を小出しに釈放したり，国際人権条約への署名手続きを進めるなどの行動をとったことが理由として挙げられる。また，提案国の中心となってきたアメリカが，2002年から2003年に委員会メンバーから落選したことも影響している。ただし，対中決議案が提出されなかったからといって，中国の主張が国際社会

---

22)　「西方国家人権議案遭到否決干渉中国内政図謀再次失敗」『人民日報』1995年3月9日。

23)　国連人権委員会での中国と欧米の攻防については，以下が詳しい。山岸健太郎「国連における中国の人権問題」『愛知大学国際問題研究所紀要』134号，2009年，237-256頁。山岸健太郎「国連人権委員会における中国の人権問題論議の特徴」『愛知大学国際問題研究所紀要』135号，2010年，173-192頁。

118 　第4章　中国の国際人権条約，国連人権理事会，国際労働機関への対応変化

で認められたことを意味するわけではない。

3.2　国連人権理事会（2006年以降）

①中国の人権状況の普遍的定期的審査

　2006年3月，人権問題への対処能力強化のため，国連人権委員会は国連総会の下部組織である国連人権理事会へと格上げされた。国連人権理事会の目的は，人権と基本的自由の保護・促進およびそのための加盟国への勧告である。加盟国の人権状況改善のため，前身の人権委員会から引き継がれた国別手続きやテーマ別手続きといった「特別手続き」に加え[24]，新たに国連加盟国すべての人権状況を審査する「普遍的・定期的審査（Universal Periodic Review, UPR）」の制度が導入された[25]。

　2009年2月に，中国は国連人権理事会から人権状況に対する普遍的・定期的審査を受けた。この際，アルジェリア，アルゼンチン，オーストラリア，オーストリア，ブラジル，カナダ，フランス，ハンガリー，日本，ヨルダン，メキシコ，オランダ，ニュージーランド，ポルトガル，スウェーデン，スイス，タイ，イギリスの計18ヵ国が，中国に自由権規約の批准を迫った。中国は審査に先立ち報告書を提出し，中国の人権状況改善への取り組みを説明した。また，カナダ，イギリスなど10ヵ国からの事前質問を受けた。中国に対する事前質問の内容は，自由権規約の批准のほか，表現の自由および結社の自由に向けた取り組みなど多岐にわたった[26]。

---

24)　特別手続き（Special procedures）は，国連人権理事会において特定の国の人権状況あるいは特定の人権に関わるテーマについて各国を対象とした調査や監視を行い，勧告や報告書の公表を行うものである。

25)　普遍的・定期的審査は，国連の全加盟国が4年から4年半に1回審査を受けることになっている。作業部会で各国の人権状況を定期的に審査した後，国連人権理事会で結論および勧告と，それに対する被審査国の回答を含んだ結果文書が採択される。被審査国は個々の勧告を受け入れるかどうかを明らかにする。勝間，前掲論文，8頁。

26)　このほか事前質問の内容には，国連の特別報告者受け入れ，拷問禁止への取り組み，人権活動家に対する処遇改善，表現の自由および結社の自由に向けた取り組み，国連の特別報告者受け入れ，労働教育制度の改善，戸籍制度，少数民族の権利保護，08憲章関係者の処遇，死刑制度，人権活動家，国家機密罪，中国人ジャーナリストの知る権利，拷問，司法制度の独立，弁護士の権利，児童労働の禁

3. 中国の人権をめぐる国連人権理事会での攻防　119

　同年 10 月，国連人権理事会の本会議における最終報告で，中国代表団および60 ヵ国が中国の人権状況についてコメントした。中国の代表団はこれまでの司法改革，経済発展による国民の生活向上など人権状況改善への取り組みとその成果を報告した。最終報告の席上，中国に友好的な国が，中国の人権状況改善を褒め称えた。例えば，スリランカは「国家団結，経済発展，現代化，多くの人の物質的要求を満たすという中国の経験を，世界がより広く共有すべきである」，と中国の経済発展モデルを手放しに賞賛した[27]。

　一方で，イギリス，ドイツなど計 19 ヵ国は，中国に自由権規約を批准するよう勧告を行った。しかし中国はこれら勧告の内容に賛同しない旨を表明した[28]。普遍的・定期的審査での勧告は法的拘束力を有しないため，被審査国が賛同を表明しないことも可能である。中国の対応に対し，国際的な人権保護のNGO であるヒューマン・ライツ・ウォッチは，「国連人権理事会のコメントを無視したものである」，と痛烈に批判した[29]。

　2006 年に国連人権理事会に改組されてからは，中国の人権問題をめぐり議案として取り上げる機運も激減しているという。イギリスのシンクタンク，チャタムハウスが欧米の外交官へ行ったインタビューでは，近年「対中決議案を人権理事会で取り上げるという機運もない」という[30]。実際に，2008 年 3 月のチベット騒乱，2009 年 7 月の新疆ウイグル自治区での騒乱が起こると，国際社会から中国政府の対応に対する懸念が強まったが，その際も国連人権理事会で単独で対中決議案が出されることはなかった。

止，宗教の自由，少数民族の権利保護などがあった。United Nations Human Rights, "Questions submitted in advance," 9 February 2009.

27)　A/HRC/11/25, para39.

28)　A/HRC/11/25, para117.

29)　Human Rights Watch, "China: Government Rebuffs UN Human Rights Council, Commitments to Uphold Human Rights Ignored", June 11 2009.

30)　Sonya Sceats with Shaun Breslin, *China and the International Human Rights System*, Chatham House (The Royal Institute of International Affairs), October 2012, pp. 11-12.

120　　第4章　中国の国際人権条約，国連人権理事会，国際労働機関への対応変化

②発言権獲得を目指す

　中国は自由権規約を批准せず，また国内にさまざまな人権問題を抱えたまま
であるが，国連人権理事会における発言権の獲得には熱心である。2006年，国
連人権理事会発足に先立ち，理事国選出の投票が実施された。理事国となる要
件として，人権擁護の公約表明，当選後の遵守状況の審査が求められている。
理事会は全47ヵ国で構成され，アジア枠が13となっており，中国を含む18ヵ
国がアジア枠で立候補した。結果，中国は当選し初代理事国メンバーとなっ
た[31]。2009年には，理事国の18のポスト改選が行われたが，中国は2期連続
で理事に選ばれた。連続2期を務めた直後の再選は不可であることから，2012
年の再選は見送ったものの，翌2013年に理事の座に返り咲いている[32]。

　また，中国は国連人権理事会において，自国が直接非難の対象となる時以外
の関与は限定的である。国連人権理事会で設置された普遍的・定期的審査は，
国連の全加盟国が審査対象となる。例えばアフガニスタンへの審査では，欧米
諸国がアフガニスタンにおける人権状況を非難する一方で，中国は新たな政治
制度の確立を目指す取り組みを評価し，国際社会からの支援について質問を行
うにとどめている[33]。

　中国国内では，このような中国政府の対応を肯定的に捉える論者もいる。郭
日君は，国連人権理事会は中国外交上の重要な舞台の一つで，中国は一定の成
果を収めており，今後も積極的に参加することで対話の交渉能力を身につける
べきである，と論じている[34]。

　このように，中国は国連人権理事会において，国内の人権状況に問題がある

---

31)　理事会の47ヵ国のうち，半数以上の26議席は人権状況に問題があるとされるアフリカとアジ
アの国々で構成され，欧米は7ヵ国のみとなっている。日本外務省ホームページ「人権理事会」(2016
年12月10日最終閲覧)。

32)　なお，アメリカは2006年の人権理事会設立の際，「人権侵害の目立つ国を理事国に就任できない
ようにする保証がない」などの理由から，理事国に立候補しなかった。その後2009年に，オバマ政権
になってから，理事国に当選している。「国連人権理の複雑な内情――米参加でも変化期待薄」『日本
経済新聞夕刊』2009年5月25日。

33)　A/HRC/12/9, para74.

34)　郭日君「人権理事会普遍定期審議機制視野下的中国人権外交」『金陵法律評論』2013春季巻，
159-173頁。

とされながらも，理事国のポスト獲得に熱心である。中国は他国の人権状況審査の際に，批判し対象国との関係を悪化させるようなことは極力行わないという立場を貫いている。中国は加盟国の人権状況改善に責任を持つ理事国のポストを求めながらも，積極的に理事国としての責任を負う様子は見られない。

4. 中国と国際労働機関（ILO）

4.1 中国のILO加盟と国内の労働立法

本節では，中国の経済成長を支えてきた労働者の権利保護に焦点を当て，中国政府のILOへの関わりと，ILOが唱えるグローバル・スタンダードへの対応を検討する。

ILOは1919年，世界の労働者の労働条件と生活水準の改善を目的に成立し，1946年に国連初の専門機関となった。なかでも，「結社の自由および団体交渉権」，「強制労働の禁止」，「児童労働の廃止」，「雇用および職業における差別の排除」の4つの分野を，最低限遵守されるべき「中核的労働基準」と定めている。ILOは政府，労働者，使用者の三者構成をとっており，毎年1回開かれる国際労働総会には，加盟国が4名の代表（政府2名，労使各1名）を送ることになっている。ILOの本部はスイス・ジュネーブにあり，通常業務は政府28名，労使各14名の代表で構成される理事会が指揮している[35]。

中国は1919年のILO設立メンバーである。1971年10月に中国が台湾に代わり国連の代表権を獲得すると，ILOにおける代表権を「回復」した。その後1983年6月に，中国は正式に活動を始めた[36]。

中国は1983年以降，徐々にILO条約を批准してきた。2016年11月時点で，中国はILO条約189のうち，26の条約を批准している[37]。ILO加盟国の平均批准条約数は43あり，日本は49のILO条約を批准していることと比較して

---

35)　ILO駐日事務所ホームページ「ILOについて」（2016年12月10日最終閲覧）。

36)　中華人民共和国外交部ホームページ「国際労工組織」（2016年11月20日最終閲覧）。

37)　ILO Homepage, Ratifications for China（2016年11月18日最終閲覧）。

122　　第 4 章　中国の国際人権条約，国連人権理事会，国際労働機関への対応変化

表 4-2　ILO の中核的労働基準と中国の批准状況

分野	ILO 条約	批准国家数 （計 185 ヵ国）	中国の批准状況
結社の自由および団体交渉権	第 87 号 第 98 号	153 164	未 未
強制労働の禁止	第 29 号 第 105 号	178 175	未 未
雇用および職業における差別の排除	第 100 号 第 111 号	172 173	批准　1990 年 11 月 2 日 批准　2006 年 12 月 1 日
児童労働の廃止	第 138 号 第 182 号	169 180	批准　1999 年 4 月 28 日 批准　2002 年 8 月 8 日

（参照）　以下の資料から筆者作成。
ILO Homepage, Ratifications for China, ILO Homepage, Ratification by Convention,（ともに 2016 年 11 月
17 日最終閲覧）。

も[38]，中国の批准数は多くない。表 4-2 のように，ILO は 4 つの分野で 8 つの
ILO 条約を中核的な労働基準と定めているが，中国は半数の 4 条約の批准にと
どまっている。「結社の自由および団体交渉権」，「強制労働の禁止」は，基本条
約として ILO 加盟国の多くの国が批准しているが，中国は未批准のままであ
る。

　労働者をめぐる中国国内の法律を見ると，1990 年代以降，中国政府は ILO
の国際ルールを参考に，労働をめぐる国内法を改正，公布している。中国国内
の労働をめぐる法律の主要なものに，1992 年の労働組合法（工会法），1994 年
7 月の中華人民共和国労働法（以下，労働法）がある。労働法は労働契約制度を
前提としたもので，固定工制度から労働契約制度への全面的な転換が図られた。
特に労働法は，ILO の国際労働基準を大いに参考にしたという[39]。

　2007 年 6 月には，「中国労働契約法」が制定された。労働契約法は，不安定な
雇用関係のなかで犠牲を強いられてきた労働者を保護することに傾斜した法律
である。派遣労働はすでに広く行われていたが，1994 年の労働法には明確な規

38)　ILO 駐日事務所ホームページ「国際労働基準」（2016 年 11 月 18 日最終閲覧）。
39)　田野・林青「国際労工標準与中国労働治理」『世界経済与政治』2009 年第 5 期，3 頁。

定がなく，派遣業者は使用者としての法律上の義務を回避し，労働者の権利，利益を侵害しているものが多かった。

中国政府は国内の労働に関する法律を制定する上で，ILO の国際労働基準との同調を強調している。2006 年，中国国務院が発表した「労働と社会保障事業発展『十五』規則綱要（2006-2010 年）」では，「国際労働機関など国際組織と協力し，国際労働条約，勧告に積極的に参与し，中国の国情に適した国際労働条約を，時期を見て批准し，国際労働領域における中国の影響を拡大する」，と明確に述べている[40]。

このように，労働者をめぐる法律は形の上では立法，条例等により絶えず改善，修正が加えられている。しかし，法律の中身を見ると，国際ルールとは大きな隔たりがあることがわかる。例えば 1992 年の労働組合法は，中国共産党が唯一認める全国総工会（工会）以外の組合は認めないという内容である。2001 年に労働組合法の改正が行われたが，工会は社会主義の道や中国共産党の指導など，基本原則を堅持しなければならないと，その内容を確認したにすぎなかった（第 4 条第 1 項）。

中国は労働者の権利保護を目指すと宣言しながらも，このように明確な違いが生じているのである。次項では，ILO の中核的労働基準 4 分野 8 条約と中国国内の状況の差異を整理する。

4.2 ILO 中核的労働基準と中国
①結社の自由と団体交渉権

ILO が最低限守られるべき中核的労働基準としてまず挙げているのが，結社の自由および団体交渉権である。ILO 条約では 1948 年の「結社の自由および団結権の保護に関する条約」（第 87 号）と，1949 年の「団結権および団体交渉権」（第 98 号）で規定している。第 87 号条約は，結社の権利は一種の自由権であり，自由に組織し，会議に参加する権利であると定めている。

---

40)　労働和社会保障部，国家発展和改革委員会『労働和社会保障事業発展 十一五規綱要 2006-2010年』2006 年 11 月 8 日。

124 　第 4 章　中国の国際人権条約，国連人権理事会，国際労働機関への対応変化

　中国はいずれの条約も批准していない。しかし中国国内法には結社権が明記されている。憲法第 35 条には公民結社権の規定があり，また，労働法第 7 条，工会法第 2 条と第 3 条および，外資企業法第 13 条には具体的に労働者による結社権が規定されている。ただし，これらは主に「できる」と書いてあるのみで，「権利がある」とは規定していない。「できる」という文言は一種の任意的な権利で，当事者による解釈の余地が大きい[41]。

　結社の自由は，中国共産党一党支配という国家体制そのものに関わる問題であり，中国では実質的に認められていない。政治的自由についても，憲法が掲げる基本原則（①人民民主主義独裁，②社会主義国家，③民主集中制）により，厳しい制約下にある。現行の 82 年憲法には，民主的自由権として言論，出版，集会，結社，デモ行進，示威の自由が規定されているが（第 35 条），これは無制限の自由ではなく，当然に法律による制約を受けると解されている[42]。

　また，結社および集会は，1998 年国務院から出された「社会団体登記管理条例」，1989 年主席令として発布された「集会デモ行進示威法」（以下，デモ法）および 1992 年の国務院による「集会デモ行進示威法実施条例」により，許可制がとられている。結社や集会等について当局の許可が得られない場合には，行政機関に対し不服審査を申し立てることができるが，人民法院に行政訴訟を提起し司法的救済を求める道は開かれていない。

　労働組合の結成に関しても，中国では工会が労働者を代表する唯一の組織とされており，工会以外の第二組合を結成する権利は認められていない（工会法第 11 条）。工会は，中華全国総工会を頂点に各級行政レベルから末端の企業・事業体，近隣住民組織に至るまで網羅しており，会員数は 2013 年 6 月末時点で 2.8 億人にのぼっている[43]。工会は，労働者を代表して，報酬や福利などについて企業側と対等な協議を行うことになっている（労働法第 33 条，工会法第 6 条）。しかし労働者の間では，工会を自らの代表とする認識は低い。工会は，共

---

41)　田野・林青，前掲論文，13-14 頁。
42)　西村幸次郎「グローバル化と現代中国法」『グローバル化のなかの現代中国法』成文堂，2003 年，55-56 頁。
43)　新華社「中国工会会員総数達到 2.8 億」2013 年 10 月 11 日。

産党の指導下に置かれており，実際の活動や人事，組織関係において自立的な活動が制約されているからである。2002年の全国人民代表大会で，私営企業家の共産党入党が認められたが，この際，私営企業家も農民や労働者と同様に「労働者階級」として組み入れられた。工会は対立する労使双方の権益を代表することになり，弱者である一般労働者の権利を擁護することができずにいる。

　団体交渉権は，労働者の自主的団体が労働者の生活を守るため，労働条件やその他労働関係について使用者または使用者団体と交渉を行う権利を言う。中国では労働法と工会法がそれぞれ，工会が労働者を代表して企業と交渉し，労働関係を調整すると言及している。しかし先述したように，工会は労使双方の権益を代表しているため，労働者側の権利を保障することができず，実際に労働者の団体交渉権は思うような効果があがっていない[44]。

　なお，ストライキ権については78年憲法に規定されたことがあるが，その後同条は削除され現行の82年憲法でも規定されなかった[45]。1992年の労働組合法でも，組合に対するストライキ権は認められていない。しかし現状は，中国各地で大規模な争議が多発している。労働争議に関し，争議行為そのものの合法性や工会の間接的なストライキへの関与を認めているが（工会法第27条），工会をその当事者として位置付けることはない。

　労働者は，工会を通さず自ら集団での直訴やストライキ，暴動を行っている。労働争議は1990年代以降各地で頻発し，特に南部の工場地帯では労働者による暴動も発生している。国家統計局によると，1995年から2006年までの12年間で労働争議案件は13.5倍に，特に集団労働争議の案件は5.4倍に増加した[46]。近年は，労働争議が幅広い社会的ネットワークをともない大規模化しつつある。背景には，出稼ぎ労働者を結ぶ同郷ネットワークに加え，携帯電話のメールなど労働者同士の通信手段が充実したことや，広がり続ける経済格差に対し労働者が自らの権益保護を主張し始めたことなどがある。

---

44)　艾展剛「論我国『労働法』与国際接軌的修改思路」法制博覧，2016年4月期，51頁。
45)　高見澤磨ほか編『現代中国法入門　第7版』有斐閣，2016年，248頁。
46)　「国際力量暗戦　中国〈労働合同法〉」『商務週刊』2007年第11期，65-68頁。

②強制労働の禁止

　強制労働の禁止に関し，ILO 条約には主に2つの規定がある。1930 年の「強制労働に関する公約」（第 29 号），1957 年の「強制労働の廃止に関する条約」（第 105 号）である。第 29 号はすべての強制労働の使用をできる限り短い期間のうちに廃止することを目的としたもので，第 105 号はこの条約を補強・補完する条約である。強制労働とは，処罰の脅威によって強制され，また自らが任意に申し出たものでないすべての労働をいう[47]。

　中国はこの2条約を批准していない。なかでも中国の労働改造（1954 年国務院の全身，政務院による「労働改造条例」）と労働矯正（1957 年国務院の「労働矯正問題に関する国務院の決定」）制度の存在は，国際社会から多くの非難を受けてきた。労働改造は，労働による自己改造を目的とする刑の執行制度である[48]。

　一方の労働矯正（労働教養）は，最長4年にわたって「軽微な」違法行為者の身柄を拘束できるという制度である。もともと，都市に流用したものの職に就けない農民を対象に，職業訓練などを実施するものとして始まり，農村から都市への人口移動が禁止されてからは都市に流入した農民を強制的に収容する制度として運用された。改革開放後には，政府が刑法の対象とならない「違法行為」を取り締まる際に，労働矯正の制度を運用するようになった。政府は，労働者，学生などが集会，デモなどを組織して運動を展開した際にも，取り締まりに制度を利用するようになった[49]。

　労働矯正制度に関しては，手続きの方法に正当性がない等，国際的に非難されてきた。国際人権規約は，人身の自由を剥奪するには法律上の根拠があり，法廷の手続きによらなければならないと規定している。国際基準に照らせば，決定には法廷における公開の採決を経なければならない。しかし，中国においては公安部に裁量権が認められており，また司法手続きの保障がない。また法定手続きは，透明性に加え一定の弁明手段，本人の弁明と他者による弁明幇助

---

47)　ILO 駐日事務所ホームページ「条約一覧」（2016 年 12 月 10 日最終閲覧）。
48)　木間，前掲書，263 頁。
49)　但見亮「犯罪と治安管理」田中信行編『入門 中国法』弘文堂，2013 年，203-209 頁。

があり，弁護士による弁護や代理が行われるべきであるが，現実にはいずれの
方式も設けられていない[50]。

2013年12月28日，労働矯正制度が廃止された。その後，一部の労働矯正施
設は，薬物常用者のリハビリセンターに転用された。しかし，ヒューマン・ラ
イツ・ウォッチは，「重要な一歩だが，裁判なしで拘禁できる制度を新設しない
との政府の確約がなければ意味がない」と，制度廃止後も実態は変わらない可
能性を指摘している[51]。

③就職の平等，戸籍による就職差別

就職の平等は，基本的な労働権であると同時に，基本的人権の一つでもある。
ILO条約では，1951年の「同一価値の労働についての男女労働者に対する同一
報酬に関する条約」（第100号）と1958年の「雇用および職業についての差別待
遇に関する条約」（第111号）の2つに定められている。第111号は，種族，皮
膚の色，性別，宗教，政治見解，民族血統，あるいは社会出身などにより，就
職，就職の機会に差別があってはならないと定めている。

中国は1990年に第100号を，2006年に第111号を批准した。中国の憲法，
婦女権益保護法，労働法ではすべて，男女平等の権利を定めている。しかし労
働法第12条では，民族，種族，性別，宗教と4つの領域における差別に限定し
ており，戸籍，年齢による差別には言及していない。ILOは中国の戸籍による
差別について，これまで改善を求めてきた。例えば2007年5月10日，ILOは
記者会見で「過去20年間，中国の流動労働力は国内総生産の16%の生産を行
い，中国の都市人口に締める割合も40%を占めている。にもかかわらず9,000
万の流動労働力はいまだ都市の戸籍を取得することができない。彼らはより良
い仕事ばかりか，医療や教育サービスも受けることができていない」と批判し
ている[52]。

---

50) 陳光中・王平，鈴木敬夫訳「中国の労働矯正制度とその改革」『札幌学院法学』2002年9月，128-
129頁。
51) ヒューマン・ライツ・ウォッチ「中国：労働教養制度を全面廃止し，抜け穴も設けてはならない」
2013年11月16日。

128 　第 4 章　中国の国際人権条約，国連人権理事会，国際労働機関への対応変化

　中国の戸籍制度は，単に身元を示すだけでなく，農村戸籍と都市戸籍では享受できる社会保障が大きく異なる。農村戸籍者は都市戸籍の住民に比べ，就職，教育，医療，年金など各方面で不公平な立場に置かれており，戸籍制度は都市と農村の格差を生み出す構造的な要因の一つとなっている。

　1980 年代から，上海など一部の都市で戸籍制度の改革の試みも行われている。しかし，戸籍改革は地方都市が主導する地方レベルの改革にとどまっている。また，戸籍制度にともなう社会保険，教育など各種公共サービスの改革も進んでいない。農村出身の労働者や地方出身者は，就職においても不平等な状態に置かれたままである。

④児童労働の禁止

　児童の労働禁止について，ILO 条約は 1973 年の「就業が認められるための最低年齢に関する条約」（第 138 号）と 1999 年の「最悪の形態の児童労働条約の禁止および撤廃のための即時の行動に関する条約」（第 182 号）で規定している。

　中国は 1999 年と 2002 年に 2 条約を批准した。中国の憲法，未成年保護法，労働法，教育法，禁止使用童工規定などが，未成年者の保護を法律で規定しており，積極的に法律体系確立に向け取り組んでいる。国際基準と国内法が一致しない場合には調整を行っている。例えば中国国務院は 1991 年，「禁止使用童工規定」を発布したが，ILO138 号条約と 182 号条約を批准後の 2002 年 10 月には，新たな「禁止使用童工規定」を発布し[53]，未成年者の人権保護に対する規定をより厳格にした。

　しかし，子供の労働が完全になくなったわけではなく，現状では，地方企業や私営企業などで行われている。例えば 2008 年 4 月には，玩具工場などが多く集まる広東省東莞市で，深刻な労働力不足から四川省の貧困地域から大量の児童労働者を集め，不法に工場で働かせていた事実が明らかになった[54]。児童

---

52)　ILO Press Conference, "Discrimination remains a challenge for Chinese workers", 10 May 2007.
53)　新華社「禁止使用童工規定」2002 年 10 月 16 日。
54)　王珠恵「中国における児童労働の現状」『世界の労働』2008 年 9 月，44-49 頁。

表 4-3　ILO の中核的労働基準と中国の一致

国際労働基準	中国国内制度との一致
結社の自由	困難
団結交渉権，強制労働の禁止，戸籍による就職差別の禁止	一致する部分もあるが，実行困難
男女平等，児童就労の禁止	ほぼ一致

（出所）　筆者作成。

労働は，単純作業，長時間の労働に従事し，低い賃金で過酷な労働を行うケースが多い。中国は ILO 条約を批准し，国内法を改善するなど積極的に取り組む姿勢を見せているが，多くの地方で，違法な児童労働が行われている。

このように中国政府は ILO の国際ルールを参考に法整備を進めていると主張するが，法律の施行段階では多くの課題がある。中国では格差社会に対する不満が強く，労働者は各地で抗議を行っている。中国政府にとって社会的動揺を抑えるためにも，経済成長を支えてきた労働者の権利を保護し，労働者の不満を抑えることが大きな課題となっている。

5.　おわりに

本章では，中国政府の人権の国際機関に対する取り組みを国際人権条約，国連人権理事会，国際労働機関に対する外交から考察した。これまで中国は，人権の国際機関に参加したことで，人権白書を発行し，憲法を改正するなど，表面上は国際的な人権ルールと規範を学習し適応するという姿勢を見せてきた。しかし 2000 年代後半以降，中国が大国になるにつれ，中国政府は国内外からの自由権規約批准や人権状況改善の要求を受け入れず，また相次いで人権活動家を拘束するなどの対応をとっている。このような中国の人権という普遍的な価値をめぐる対応の変化の背景には，以下，大きく 2 つがあるものと考える。

第 1 は，中国の大国化による変化である。中国の国際社会における影響力が増したことで，人権状況改善を訴える国際機関や欧米諸国からの中国に対する，

「外圧」が低下している。国連人権理事会で対中決議案が提出される機運もなくなったことや，普遍審査で中国が勧告を拒否したことからも明らかである。アメリカの対中外交の変化も大きい。オバマ政権では，1990年代後半のクリントン政権時のように人権外交を前面に出して中国の譲歩を引き出すという外交は陰をひそめた。欧米の人権団体が中国の人権状況への非難を続けているが，国家として，また国際機関として中国を非難するという「外圧」は以前より低下している。欧米諸国にとって自由権を中心とする人権概念は重要なことに変わりないが，大国となった中国に対して人権状況の改善を強く迫ることができない，また迫っても効果がないといった，ある種の暗黙の了解やあきらめが存在しているようである。

　また中国は大国となるにしたがって，国際社会における地位向上を求めるようになっている。中国は国連人権理事会においても，理事国のポスト獲得に躍起になっている。理事国は加盟国の人権状況の改善に責務を負うが，その理事国自らが，自国の人権状況に多くの問題を抱えている。この状況は，国際機関の信頼性をおびやかすことになっている。一般的には，大国化すると自国の直接的利益がない事柄にも積極的に関わり，国際機関の政策，規範作りに関与し，ルール作りを主導するようになることも想定される。具体的には中国は国際機関に対する財政的貢献を増やし，高官ポストを要求し，議題への発言と関与を強めることで国際機関における影響力拡大を目指す，などである。しかし中国は，積極的に議論に参加し，他国の人権状況改善のために働くというよりは，自国に関する議論以外では無関心の姿勢を貫いている。中国は人権領域の国際機関において，大国がとるべき行動というよりは，自己中心的な対応をとり続けている。

　第2は，中国国内で人権をめぐって，政府と人権状況の改善を求めるアクターとの対立が激しくなっており，その結果，政府は国内アクターの要求に強硬姿勢をとるようになっている。2000年代に中国の経済成長が続くと同時に，グローバル化が進行し，国際社会との交流が深まった。中国国民はインターネットの発達により，欧米の情報を入手しやすくなった。個人や労働者は，経済力

5. おわりに

をつけてさまざまな情報を入手するようになり，同時に自己の権利意識を高めていった。人権活動家や弁護士が中国の人権状況の改善を求めるだけでなく，個人がインターネットなどを使い自己の権利を主張するようになった。労働者は携帯電話などの手段を使い，自己の権利を確保するため，デモや労働争議に参加するようになっている。

中国では，労働者の労働状況など，人権をめぐる一部の権利については1990年代に比べると改善の方向へ進んでいるものもある。しかし，言論の自由をめぐっては，中国政府は人権活動家の拘束や，人権に関わるインターネットの閲覧禁止などさまざまな措置を講じており，状況は改善の方向に進んでいるとは言いがたい。

中国国内では，人権状況の改善や自由権規約の批准を求める声が強まっているが，中国政府は結社の自由など，人権のなかでも自由権に対する要求を厳しく取り締まっている。習近平政権では，政府が国内の人権状況改善要求や共産党政権の保持に関わる言論の自由を求める動きに対してより厳しい対応をとっているのである。

大国となった中国の対外行動は，人権をめぐる国際ルールの今後のゆくえにも重要な影響を与えるため，中国の対応次第では人権の国際機関や条約が形骸化するおそれもあるだろう。

第5章　大国・中国の新たな外交
——「海のシルクロード」構想と地方政府——

1.　はじめに

　世界第2位の経済大国となった中国は，鄧小平時代からの慎重で消極的な外交姿勢を転換し，積極的な大国外交を繰り広げるようになっている。中国が発表した「一帯一路」構想は，陸の「シルクロード経済ベルト（一帯）」と海の「21世紀海上シルクロード（一路）」から成る壮大な外交・経済圏構想である。中国は2002年の第16回党大会で，「外に出る戦略」（走出去戦略）を採用して以降，自ら海外に進出して経済活動を行うようになっており，「一帯一路」構想も，対外経済進出という中国政府の方針の延長線上にある。また，構想の発表は中国政府がリーダーシップをとって地域の秩序とルールを形成するという意思表明と見ることもできる。

　中国政府は「一帯一路」構想を資金面で支える，新たな国際金融の制度作りにも着手した。アジアインフラ投資銀行（Asian Infrastructure Investment Bank，以下 AIIB），BRICS による新開発銀行（BRICS 銀行とも呼ばれる）[1]，そしてシルクロード基金である。中国は自ら主導的に国際金融の制度作り，国際金融のルール作りに取り組み始めている。

---

1)　BRICS は，ブラジル，ロシア，インド，中国，そして南アフリカを指す。南アフリカを除く4ヵ国の BRICs が，2009年から公式に毎年1回，4ヵ国持ち回りで首脳会議を開催し，共同声明や共同宣言を出している。2011年の第3回首脳会議からは南アフリカが参加するようになり，「BRICS」となった。本章では，2011年までを BRICs，2011年以降を BRICS と表記する。

中国では「一帯一路」構想をめぐる研究が盛んに行われている。これら研究は，中国の対外開放が新たな段階に入ったものだと論じるものや，対米政策の一つとして，さらには中国国内経済の停滞の打開策として経済面から論じている[2]。日本では伊藤亜聖が「一帯一路」構想は既存の計画の寄せ集めという要素が強い，とその特徴を論じた[3]。加藤弘之は「『一帯一路』構想に象徴される資本輸出型の経済発展戦略は，成長率の低下が避けられない情勢となった中国経済にとって重要な意味を持っている。ひとまず大きな構想を提起し，細部は後から詰めれば良いとする手法がとられている」，と経済政策の視点から論じた[4]。

　これらの研究に共通しているのは，主に中央政府に着目して，構想の決定や目的を論じている点である。これまで対外政策は中央政府が決定し，実行するという視角から捉えられることが多かった。しかし，中国の経済成長に合わせるように，中国社会では各種のアクターが経済力をつけてきた。2010年頃には，石油資本・地方政府・軍の一部が連合して外交に圧力をかけたり，全国人民代表大会や政治協商会議などに対して圧力集団として動いたりするようになった[5]。また，複数国が関わる開発計画の策定や実施では，中国の地方政府が果たす役割も大きくなっている。周辺国との協力の実際の窓口となる地方政府は，自ら周辺国と対外活動を行っている。

　このため本章は，これまで注目されることが少なかった地方政府の「一帯一路」構想，および特に国際社会の関心が高い中国の海洋政策に対する地方政府の取り組みに着目する。地方政府としては，改革開放期の中国経済の特徴を体現してきた広東省の取り組みを取り上げる。広東省は，改革開放期に優遇政策

---

2)　中国の政府関係者や著名な経済学者などが主体となり，「一帯一路」の研究を行っている。代表的な研究に以下がある。金立群・林毅夫『一帯一路引領中国』中国文史出版社，2015年。厲以寧著，智石経済研究院編『読懂一帯一路』中信出版社，2015年。趙磊編『一帯一路年度報告：従願景到行動2016』商務印書館，2016年。
3)　伊藤亜聖「中国『一帯一路』の構想と実態：グランドデザインか寄せ集めか？」『東亜』579号，2015年9月，30-40頁。
4)　加藤弘之『中国経済学入門：『曖昧な制度』はいかに機能しているか』名古屋大学出版会，2016年，150頁。
5)　Linda Jakobson and Dean Knox, "New foreign policy actors in China", *SIPRI Policy Paper*, No. 26, 2010 September. 毛里和子『中国政治：習近平時代を読み解く』山川出版社，2016年，114頁。

を受けて中国の経済発展の中心となってきた。しかし，2008年の世界金融危機以降，外需が縮小し，また労働賃金が上昇したことから，広東省はこれまでの輸出中心の経済成長モデルの転換を迫られている。広東省は，「一帯一路」構想の「海のシルクロード」構想の実行に積極的に関わることで，新たな経済成長の軸を模索し始めている。

　以下ではまず，「一帯一路」構想と「海のシルクロード」の内容，設立の背景を論じる。その後，構想を資金面で支える国際金融機関の設立とその背景を検証する。次に，中国の海洋政策の変遷を振り返る。そして地方政府が「一帯一路」構想の実行に積極的に関わろうと試みていることを示す。

2. 「一帯一路」構想発表の背景

　「一帯一路」は，中国から中央アジアを経由し欧州に至る，陸の「シルクロード経済ベルト」，そして南シナ海，インド洋，アラビア海を経て地中海に至る海上交通ルートである海の「21世紀海上シルクロード」からなる，壮大な外交と経済圏の構想である。習近平国家主席が2013年9月，カザフスタン訪問の際に初めてシルクロード経済ベルトの構築を提言した。同年10月，習近平主席はインドネシアで開催されたAPEC会議において，「21世紀海上シルクロード」を提言した。そして2014年11月，北京で開催されたアジア太平洋経済協力会議（APEC）の首脳会議において，中国政府は正式に「一帯一路」構想を打ち出した。

　「一帯一路」構想の目的は，中国商務部国際貿易経済合作研究院（以下，商務部研究院）によると以下の5つである。「第1は『中国の夢』実現のため，第2は中国と新シルクロード沿線諸国の共同繁栄のため，第3は新シルクロード地域経済の一体化推進のため，第4は中国の国土の均衡ある発展のため，第5は中国と沿線諸国の良好な外交関係構築のため」である[6]。なお，「中国の夢」と

6）「中国シンクタンクが明かす『新シルクロード構想』全容：2014年度中国商務部国際貿易経済合作研究院への委託調査」『みずほリポート』2015年7月22日，3頁。

は，習近平国家主席が提唱する中華民族の復興を掲げるスローガンで，持続的な経済発展で国民生活を豊かにするとともに，中国の国際的な地位向上を図ることを意味する。構想の中心は，インフラ整備等を通して特に周辺国との協力関係を強めること，と言えるだろう。

　本章が着目する「海のシルクロード」の主な目的は，同じく商務院研究院によると，エネルギーや食料の輸入を確実なものとするためのシーレーンの確保，確保のための諸外国の港湾設備の新設，そして海底資源の獲得である[7]。「海のシルクロード」の航路は，東シナ海航路，南シナ海航路，インド洋航路，ペルシャ湾航路，紅海，東アフリカ航路の5つであり，中国からアフリカ大陸の南アフリカまでのびており，壮大な構想であることがわかる。当面の対象は，これまでFTAを締結するなど経済協力関係が深いASEAN諸国となる。

　構想発表の背景は，以下大きく2つにまとめることができる。第1は，中国の国内要因であり，中国が新たな経済成長の柱を国外に求めていることがある。中国経済は高度成長期を終え，「新常態（ニューノーマル）」に入ったとされる。「新常態」とは，2015年3月の全国人民代表大会で李克強首相が「中国の経済状況が新常態に入った」と報告したもので[8]，中国が経済成長の目標を7%前後に引き下げ，今後の経済の低成長を宣言したもの，と捉えられている。

　加藤弘之は，構想の発表が持つ意味について，「これからの経済発展戦略は，過剰な国内資本や外貨準備を海外に『還流』させ，従来型の経済成長パターンの中で顕在化した供給能力の過剰を緩和するという側面も併せ持っている」としている[9]。国内経済では，特に鉄鋼と石炭の過剰生産の解決が深刻であり，「一帯一路」構想は中国が周辺国の開発を行うことで新たな発展方式を模索しているもの，と捉えることができよう。

　構想発表の背景の第2は，中国のアジア太平洋地域におけるアメリカの戦略への対抗，という国際的な要因である。オバマ政権は2011年秋から，これまで

---

7)　前掲，『みずほリポート』13頁。
8)　国務総理　李克強「政府工作報告──2015年3月5日在第十二届全国人民代表大会第三次会議上」2015年3月5日。
9)　加藤，前掲書，150頁。

の世界戦略を見直して戦略の重心をアジア・太平洋地域に移す軍事，外交上の「リバランス（再調整）」政策を採用した。また，アメリカ主導の環太平洋戦略的経済連携協定（Trans-Pacific Strategic Economic Partnership Agreement，以下TPP）は環太平洋地域を主な対象としている。中国は対米政策の観点からも，中国の周辺のユーラシア諸国とASEAN諸国との連携を模索し，アジア地域において中国が中心となる秩序作りを目指している[10]。

「一帯一路」構想を推進する「一帯一路戦略小組」も設立された。小組のトップに政治局常務委員・国務院常務副総理の張高麗が，副組長には習近平のブレーンとされる王濾寧中央政策研究室主任（政治局員）と対外貿易担当の汪洋国務院副総理（政治局員）が就任した。汪洋は2007年12月から2012年11月まで中国共産党広東省委員会書記を務めた，広東省が海洋重視の政策を採用する陣頭指揮をとった人物である。

2015年2月1日の第1回会議で，新疆ウイグル自治区，海南省，江蘇省に支部を設けること，全国各地に構想推進のための機関を設置することが決まった[11]。事務局は，国家計画委員会，財政部，外交部，商務部が役割を担うことになった。同年3月には，国家発展改革委員会，外交部，商務部が共同で「シルクロード経済帯と21世紀海上シルクロードの共同構築を推進する行動と計画」を公表し，構想の指針を示している[12]。

3. アジアインフラ投資銀行（AIIB）の設立

中国は「一帯一路」構想を資金面で支える，新たな国際金融の制度作りを行っている。AIIBは，アジア地域のインフラ整備を金融面で支援する国際開発

---

10) 王緝思は，「アメリカのリバランス政策を受け，アジア太平洋の中心に位置する中国は，西側各国との協力をより一層強化していくべきである」と論じ，大きな反響があった。王緝思「『西進』，中国地縁戦略的再平衡」『環球時報』2012年10月17日。

11) 人民網「張高麗主持推進『一帯一路』建設会議」2015年2月2日。

12) 国家発展改革委員会，外交部，商務部『推動共建絲綢之路経済帯和21世紀海上絲綢之路的愿景与行動』2015年3月28日。

金融機関である。AIIB は 2013 年 10 月に習近平国家主席が創設を提唱したもので，「一帯一路」構想の議論と並行して設立に向けた協議が行われた。中国が設立を主導し，2015 年 12 月 25 日に発足，2016 年 1 月 16 日に開業式典が開かれた。

　AIIB 参加国は当初，融資を受ける側の途上国が中心であった。中国の積極的な参加の働きかけが実り，2015 年 3 月 12 日，イギリスが AIIB 参加方針を発表し，その後ドイツ，フランス，イタリアなど加わった。AIIB の創設メンバーは 2015 年 6 月時点で 57 ヵ国となった[13]。AIIB の本部は中国・北京に置かれ，資本金は 1,000 億ドルで中国が最大の資本拠出国となる。初代総裁には金立群が就任し，常設の理事会は置かないこととなった。

　「一帯一路」構想を資金面で支えるものとして，新開発銀行とシルクロード基金も設立された。新開発銀行は，2014 年 7 月 15 日，中国，ブラジル，ロシア，インド，南アフリカの 5 ヵ国が，ブラジルで開かれた BRICS 首脳会談で設立を決めたものである。新開発銀行の資本金は当初 500 億ドルで，5 ヵ国が均等に出資する。本部は上海に置き，初代総裁はインドから出すがその後は順番で担当する。外貨準備基金は 1,000 億ドル規模で，中国が 410 億ドルを拠出する。新開発銀行は，本部は上海にあるものの，総裁がインド，取締役会長がブラジル，理事会会長はロシアであり，中国の裁量権は大きくない。

　シルクロード基金は，2014 年 11 月に習近平主席が 400 億ドルを中国が出資して設立する旨を発表し，同年 12 月 29 日に正式に発足した。これは中国が独自に設置したファンドで，AIIB と新開発銀行とは異なり国際機関の形式をと

---

13)　57 ヵ国の内訳は以下のとおり。【アジア：19 ヵ国】中国，韓国，インドネシア，カンボジア，シンガポール，タイ，フィリピン，ブルネイ，ベトナム，マレーシア，ミャンマー，ラオス，インド，バングラデシュ，モルディブ，モンゴル，ネパール，パキスタン，スリランカ。【旧ソ連 7 ヵ国】ロシア，カザフスタン，ウズベキスタン，タジキスタン，アゼルバイジャン，キルギス，グルジア。【オセアニア 2 ヵ国】オーストラリア，ニュージーランド。【中東 9 ヵ国】サウジアラビア，カタール，オマーン，クウェート，UAE，ヨルダン，トルコ，イスラエル，イラン。【アフリカ 2 ヵ国】エジプト，南アフリカ。【欧州 17 ヵ国】イギリス，ドイツ，フランス，イタリア，スペイン，ポルトガル，スイス，ルクセンブルク，オーストリア，オランダ，デンマーク，ノルウェー，スウェーデン，フィンランド，アイスランド，ポーランド，マルタ。【中南米 1 ヵ国】ブラジル。

らず，中央銀行である中国人民銀行が管轄し，中国投資有限責任公司（CIC），中国輸出入銀行，中国国家開発銀行が共同出資している[14]。シルクロード基金は，「一帯一路」の関連プロジェクトの建設に利用されることになっており，すでに 2015 年 4 月からパキスタンの水力発電事業への投資を始めている。主に交通，電力，通信等のインフラ施設を投資対象とし，その後文化，観光，貿易などの方面にも投資する計画で，設立後は独立運営，企業化とすることとなっている。

　そして中国がこれら新たな国際金融機関の設立に着手した要因，背景については，以下のように議論されている。まず，中国政府がアジア開発銀行（ADB）などの既存の機関ではアジアにおけるインフラ需要に対応しきれないと判断したことがある。2010 年にアジア開発銀行の研究機関が試算した際，今後アジアのインフラ整備のために必要な資金は 8.3 兆ドルで，年平均 7,000 億ドルほど必要となる。既存の ADB の供給能力は年間 130 億ドルで，あと 2 つか 3 つアジアに投資専門機関があってもおかしくないというのが，中国の言い分である[15]。

　また経済大国化した結果，中国は保有する大量の外貨を使う必要性がある。中国は，貿易主導の経済成長で手にした外貨を主に米国債の形で保有している。丸川知雄は以下のように解説している。「米ドルと人民元の為替相場を安定的に保とうとする限り，中国は金融政策の自由を事実上奪われ，アメリカが金融緩和すると中国も金融を緩和せざるを得ない状況に追い込まれる。こうした事態を避けるには，獲得した外貨を『還流』すること，すなわち ODA や中国企業の対外直接投資などで外貨を積極的に海外で使う事が必要であり，政府が積極的な外貨還流の仕組みを作ることが重要になってくる。その仕組みの一つとして，AIIB や新開発銀行の設立がある」[16]。

　さらには，中国がアメリカ主導のブレトン・ウッズ体制に不満を抱いている

14）　中国人民銀行ホームページ「絲路基金起歩運行」2015 年 2 月 16 日。

15）　田中哲二「『一帯一路構想』と『AIIB』設立の背景等」『中国研究月報』70 (1)，2016 年 1 月，11 頁。

16）　丸川知雄『超大国・中国のゆくえ：経済大国化の軋みとインパクト』東京大学出版会，2015 年，223 頁。

こともある。IMF の理事会は，加盟国の出資割当額（クォータ）の規模に比例して発言権が与えられる。重要事項の決定には 85％ 以上の賛成が必要であり，約 17％ の投票権を持つアメリカが反対すれば，重要事項は通らない。IMF は 2012 年 10 月の IMF・世界銀行の東京総会で各国の出資額の引き上げを決定した。中国のクォータは改革前の全体の 4.0％，第 6 位から，新たに 6.39％ とアメリカ・日本に次ぐ第 3 位に引き上げられることが決まった[17]。改革案はアメリカ議会の反対で棚上げされたままだったが，2015 年 12 月 18 日にようやくアメリカの上院，下院が IMF 増資法案を可決し，成立した[18]。

　中国は経済大国となりながらも，国際金融機関のトップの座がまわってこないとの不満を抱えている。中国は経済大国となるにつれ，大国としての発言権獲得や，国際的な地位の向上を重視するようになっている。IMF 専務理事は欧州から，世界銀行トップはアメリカ，アジア開発銀行総裁は日本というのが定式化している。このため中国は国際金融機関トップの座が中国に配分される気配はないと不満を抱いており，これまで BRICS 首脳会議など公式の場で新興国の発言力向上を要求し続けてきた。例えば，2009 年 6 月の第 1 回 BRICs 首脳会議において，ブラジル，ロシア，インド，中国の 4 ヵ国が共同声明を採択し，「より民主的で国際法に基づいた多極的な世界秩序を支持する」，「新興国や発展途上国は国際金融機関において一層の発言権と代表権を獲得すべきである」と宣言し，IMF などの改革を後押しすることで合意した[19]。この文言は，以降毎年の BRICs 首脳会議の共同宣言に盛り込まれている。また，2012 年の第 4 回首脳会議の共同宣言は「IMF におけるクォータおよびガバナンス改革の緩慢さを憂慮している」と記載するなど，中国は IMF 改革案の実行の遅れに対するいらだちを表明している[20]。

---

17)　IMF Press Release, "IMF Board of Governors Approves Major Quota and Governance Reforms", No. 10/477, December 16, 2010.

18)　IMF Press Release, "IMF Managing Director Christine Lagarde Welcomes U. S. Congressional Approval of the 2010 Quota and Governance Reforms", No. 15/573, December 18, 2015.

19)　"Joint Statement of the BRIC Countries' Leaders", June 16, 2009 (in Yekaterinburg, Russia).

20)　"Fourth BRICS Summit: Delhi Declaration", March 29, 2012 (in New Delhi, India).

3. アジアインフラ投資銀行（AIIB）の設立　　　141

表 5-1　中国が主導する新たな国際金融機関

	AIIB	新開発銀行（BRICS）	シルクロード基金
設立	2015 年 12 月	2014 年 7 月	2014 年 12 月
資本規模	1,000 億ドル	500 億ドル	400 億ドル
目的	域内およびアフリカで のインフラ開発・整備	途上国のインフラ開発	シルクロード経済圏構 想のインフラ整備

（出所）　筆者作成。

　当初，欧米諸国では中国の新たな国際金融機関・基金の創設を既存のブレト
ン・ウッズ体制への挑戦と受け止め，反発する意見が多かった[21]。中国の取り
組みは第二次世界大戦後にアメリカが西欧諸国を対象に実施したマーシャル・
プランを思わせるものである，といった意見である[22]。議論の契機となったの
は，2009 年 3 月，中国の全国政治協商会議委員で前国家税務総局副局長の許善
達が，中国が主導する「中国版マーシャル・プラン」の必要性を訴えたことで
あった。これは当時，中国は世界金融危機後の中国の輸出停滞と過剰生産の解
決策を模索しており，問題解決のために当時 2 兆ドルにのぼる外貨準備から
5,000 億ドルを，アジア，アフリカ，南アメリカへ融資するための基金を創設す
るという案であった[23]。国際社会から中国版マーシャル・プランに対する懸念
が強まると，中国の政府関係者が語ることは少なくなった。

　AIIB など新たな国際金融機関が，アメリカ主導のブレトン・ウッズ体制と競
合するのか，または補完的なシステムとなるのかは，今後の機関の運営次第で
あり，未知数な点が多い。しかし欧米諸国の懸念，例えば新興国への資金貸し

21）　例えば以下の論考がある。ロバート・カーン「アジアインフラ投資銀行──国際経済秩序への挑
戦か協調か A Bank Too Far?」『フォーリン・アフェアーズリポート』2015 年 5 月号。

22）　マーシャル・プランは，第二次世界大戦後にアメリカが欧州経済復興のために大規模な援助を行
ったもので，当時の金額で約 120 億ドル（現在の 1,200 億ドル，1947 年から 1951 年まで），うち 90%
は無償の供与であった。目的は戦後ヨーロッパの復興，および欧州に経済システムを構築し，ドルを
供給し，アメリカの余剰生産力の輸出相手国とすること，欧州への共産主義流入を防ぎ，ソ連と対抗
することなどであった。山本吉宣「中国の台頭と国際秩序の観点からみた『一帯一路』」*PHP Policy
Review*, Vol. 9, No. 70, 2015 年 8 月 28 日，1-20 頁。

23）　許善達「中国版『マーシャル・プラン』の推進を通じて外需を盛り上げよう」『人民政協網』2009
年 3 月 6 日。

付けの際に中国のスタンダード，つまり環境保護や人権問題などに関する欧米式の規範が守られないのではないか，といった懸念は今後もしばらく消えることはないだろう。

4. 中国の海洋政策の変遷

「海のシルクロード」は，中国からアフリカまでをつなぐ壮大な構想である。近年，中国の積極的な海洋進出，なかでも南シナ海における積極的な進出が国際社会の注目を集めている。中国は経済面においても海洋重視の姿勢を強めており，海洋資源の獲得に乗り出している。まず中国の海洋政策を振り返っていこう。

中国は，1992 年に国内法である「領海法」を制定し，尖閣諸島を「固有の領土」と記載した。1997 年に国防法を，1998 年には排他的経済水域および大陸棚に関する諸法規を決め，海洋をめぐる法律を整備していった。2000 年代になると，中国の海洋への関心がさらに強まった。2002 年 11 月の第 16 回共産党大会で，江沢民国家主席が「外に出る戦略」（走出去戦略）を採用し，「海洋開発の実施」の方針が報告に盛り込まれた[24]。中国の重要政策として海洋開発とその管理が位置付けられた。

中国の海外における経済活動が盛んになるにつれて，中国国内では海外利益への関心が高まっている[25]。中国は輸出型の貿易で経済成長を続けてきたが，主な中国産品の輸送手段は海上交通輸送である。中国の発展戦略において，海洋は重要な柱となっている。

中国政府が海洋重視の姿勢を強めていることは，国の政策方針を制定する「国民経済と社会発展 5 ヵ年計画（5 ヵ年計画）」でも明らかである。2006 年 3 月，全国人民代表大会で発表された「第 11 次 5 ヵ年計画（2006〜2010 年）」では，

---

24) 江沢民「全面建設小康社会，開創中国特色社会主義事業新局面——在中国共産党第十六次全国代表大会上的報告」2002 年 11 月 8 日。

25) 毛里，前掲書，109-110 頁。

4. 中国の海洋政策の変遷　　　143

「海洋意識を強化し，海洋権益を守り，海洋生態を保護し，海洋資源を開発し，海洋総合管理を実施し，海洋経済発展を促進する」と記載された[26]。

　2011年3月に採択された「第12次5ヵ年計画（2011〜2015年）」では，海洋の「章」が初めて単独に盛り込まれ，戦略分野に位置付けられた。全体の方針として「陸海統一を堅持して，海洋発展戦略を制定，実施し，海洋開発・コントロール・総合管理の能力を高める」ことが明記され，「海洋産業構造の調整」と「海洋総合管理の強化」という2つの政策目標が制定された[27]。

　2012年の第18回党大会においても，胡錦濤国家主席は「海洋資源の開発能力を高め，海洋経済を発展させ，海洋生態環境を保護し，国家の海洋権益を断固として守り，海洋強国を建設する」と報告し[28]，海洋重視の姿勢を明らかにした。「海洋強国」については，国家海洋局の劉賜貴局長が「海洋強国の建設は，中華民族の永続発展と世界強国に向けて不可避の道である。海洋強国とは，海洋の開発，利用，保護，管理，制御に強大な総合力を持つ国を指す」と説明している[29]。

　海洋問題をめぐって行政改革も行われている。中国の海洋をめぐる権限はこれまで「5つの龍が海を制する（五龍治海）」といわれるように，国家海洋局，海事局，漁政局，税関，公安部の5つの機関に権限が分散していた。また，合わせて11の沿海地区の省（遼寧・河北・山東・江蘇・浙江・福建・広東・海南），直轄市（天津・上海），自治区（広西）レベル以下の動きもある[30]。海洋政策を担う国家機構は，2013年3月の全国人民代表大会で機構改革が行われることが決まった。これにより，ハイレベルの調整機構として国家海洋委員会が新設さ

---

26)　全国人民代表大会「中国人民共和国国民経済和社会発展第十一个五年規劃綱要：第二十六章　合理利用海洋和気候資源」2006年3月14日。
27)　全国人民代表大会「中国人民共和国国民経済和社会発展第十二个五年規劃綱要：第十四章　推進海洋経済発展」2011年3月16日。
28)　胡錦濤「堅定不移沿着中国特色社会主義道路前進　為全面建成小康社会而奮斗　在中国共産党第十八次全国代表大会上的報告　第八章（一）」2012年11月8日。
29)　新華社「劉賜貴：十八大報告首提『海洋強国』具有重要現実和戦略意義」2012年11月10日。
30)　竹田純一「中国の海洋政策：『海洋強国』目標への軌跡と今後」『島嶼研究ジャーナル』第2巻2号，2-3頁。

れた。国家海洋委員会の実務は国家海洋局が行い、「中国海警局」の名義で海上の権益維持と法令執行を行う。その際、公安部から業務指導を受けることとなった[31]。

このように中国が海洋重視へと方針を転換し、それにともない国内の行政改革を行った背景には、主に国内経済の要請があったと言える。中国経済の急速な成長にともない、食料、エネルギー、水資源の不足が深刻化し、政府は「海洋から食料、海洋からエネルギー、海洋から資源」という方針を確立した[32]。また、中国は2000年代に廉価な労働力を背景に輸出主導型の貿易で経済成長を続けたが、産業構造の転換期を迎えている。今後、特に沿海地方が新たな経済成長を続けていくためにも、海洋の開発と利用が重要になっている[33]。

5. 海洋政策の決定と地方政府：広東省を事例に

中国の飛躍的な経済成長を支えた一因に、地方政府の間での熾烈な競争があった。地方政府の官僚にとって、管轄地域の経済発展は住民や企業などのためであると同時に、官僚自身の昇進のためでもある。中国において、下級地方政府の官僚はより上級の地方政府へ、さらには中央政府へと昇進が可能であり、昇進の評価基準に管轄地域の経済発展に関する指標も用いられている。その結果、地方政府の官僚は昇進をめぐって、地方間で競争を繰り広げる[34]。地方政府はこれまで、競い合うように経済成長率を高めるため、さまざまな独自の計画、政策を立案して実行に移してきた。

---

31)　国務委員兼国務院秘書長 馬凱「関与国務院機構改革和職能方案的説明──2013年3月10日在第十二届全国人民代表大会第一次会議上」2013年3月10日。
32)　段烽軍「中国の海洋開発戦略：経済社会の持続可能性を求めて」『外交』Vol. 13, 2012年5月31日。
33)　このほか、中国にとって海洋面での領土問題の解決が課題として残っているため、などの議論もある。飯田将史『海洋へ膨張する中国：強硬化する共産党と人民解放軍』角川マガジンズ、2013年、23-25頁。
34)　藤井大輔「地方政府間競争と財政の持続可能性」加藤弘之・梶谷懐編『二重の罠を超えて進む中国型資本主義』ミネルヴァ書房、2016年、63頁。

5. 海洋政策の決定と地方政府：広東省を事例に　145

　なかでも沿海部の地方政府は，改革開放期の経済成長の中心地として栄えて
きたが，近年，経済発展の方式の転換を迫られている。沿海部の地方政府は，
「一帯一路」構想をチャンスと捉え，中央への働きかけを行っている。沿海部の
地方政府は，海洋を新たな発展の軸の一つとして重視し，地域振興策を立案し
て中央の政策に組み入れてもらうべく提案を行っている。以下では，「世界の
工場」中国の代表的な都市として発展し，また海洋生産の総量が中国のトップ
を誇る広東省の，海洋と「一帯一路」構想への取り組みを見ていこう。

　広東省は，海洋水産総量が 2012 年時点で全国の 21.9% を占め，連続 18 年で
全国首位の地位にある[35]。広東省は改革開放期に経済特区の設置などの優遇
政策を受け，外資の導入を行い，安価な中国製品の輸出の窓口として経済成長
を続けてきた。広東省の経済は，2003 年から 2007 年まで 5 年連続で年率 14%
を超える GDP の成長を遂げた[36]。

　しかし改革開放政策の実施から 30 年余り経ち，広東省を含む一部地域のみ
が国の優遇政策を享受する理由も減っており，これまでの特権的地位は薄れて
いる。2008 年の世界金融危機が起こると，外需が縮小し，広東省は経済的な大
打撃を受けた。さらに広東省は，労働者の賃金引上げ圧力を受けており，新た
な経済成長戦略の転換を迫られた。そこで広東省は新たな地域振興策の一つと
して海洋をいっそう重視するようになる。

　広東省が海洋開発に着目したのは，1990 年代にさかのぼる。1993 年，広東省
委員会と広東省政府は全国に先立って全省海洋工作会議を主催し，広東省の海
洋産業の発展を発表した[37]。1995 年には「海洋漁業に関する決定」を発表し，
海洋漁業を軸として海洋経済の発展を図ることを宣言した。1998 年の中国共
産党広東第 8 回代表大会で，「海洋経済強省の建設」戦略を提起し，珠海万山海
洋開発試験区の設立案を可決した。さらに広東省委員会と省政府は，2000 年 2
月には「海洋総合開発に関する意見」を発表し，漁業，海上の観光業，海洋交

---

35)　李双建・羊志洪「広東省海洋経済発展的戦略思考」『中国漁業経済』2012 年第 6 期，104 頁。
36)　21 世紀中国総研「広東省の経済指標」『中国情報ハンドブック』2006 年版，2008 年版，2010 年
　　版，436-439 頁。
37)　李双建・羊志洪，前掲論文，104-110 頁。

通運輸業，海洋工業の四大産業を重点的に発展させ海洋経済の全面的な発展を推進すること，10年内に広東省が「経済強省」となり海洋開発の近代化を目指す，とした[38]。

しかし，広東省が海洋経済の発展を目指すには問題が山積していた。2000年代初め，広東省は「世界の工場」として経済発展を遂げていた最中で，海洋汚染は年々深刻化していた。赤潮が発生し，広東省近海は漁場として恵まれた環境になかった。また漁民の貧困化も進んでいた。新たな漁場獲得のため人工の漁礁建設の可能性も検討されたが，思うような成果をあげることはできなかった[39]。広東省の海洋開発は，実際には大きく進展することがなかった。

2008年に世界金融危機が起こると，広東省は経済成長モデルの転換を迫られることになった。広東省は独自の地域発展計画を作成し，2008年12月に「珠江デルタ地区改革発展計画綱要」を発表した[40]。また，2011年7月には国務院が「広東海洋経済総合試験区発展計画（2011〜2020年）」を批准したが，これは海洋を広東省の新たな経済発展の軸としたものである。広東省の海洋経済を，2015年までに省のGDPの4分の1相当となる1兆5,000億元規模に引き上げること，「海洋経済強省」をほぼ完成させること，2020年までに海洋経済強省建設の戦略目標を実現することなどが明記された[41]。「計画」の承認によって，広東省は山東省と浙江省とともに全国三大海洋経済発展試行省として「海洋経済強省」を築いていくこととなった。

2012年8月，広東省を視察した胡錦濤国家主席は，「広東省は『計画』に照らして海洋資源を合理的に開発し利用し，海洋経済強省を建設する」と指示した[42]。広東省の海洋事業が，中央政府の支持を得て新たに実施の段階に入った。同年11月，第18回共産党大会の胡錦濤報告で，「海洋強国」の建設に向けた戦

---

38) 中共広東省委文献［粤2000］1号「中共広東省委，広東省人民政府　関与推進海洋総合開発的意見」2000年2月4日。

39) 李珠江・銭宏林「建設海洋経済強省」『中国水産』2001年第7期，8-11頁。

40) 「綱要」の主な内容は，香港・マカオとの連携とサービス業の発展の2つであった。

41) 国家発展和改革委員会「広東海洋経済総合試験区発展計劃」2011年11月。

42) 「海洋経済是広東新的発展方向和新増長点」『新経済』2014年10月，56-59頁。

略計画が発表された。広東省はこれを受けて，海洋経済の発展，現代的な漁業の建設を加速させた。

同年12月には，広東省人民政府と国家海洋局が共同で『2012中国海洋経済博覧会』を主催し，広東省の近海海洋経済の発展の成果を展示し，省の海洋への取り組みを中央政府にアピールした。国家海洋局局長の劉賜貴が，調査グループとともに博覧会を訪れ，現地視察を行い，討論会に参加している[43]。さらに広東省はマスメディアを使い，海洋への取り組みを大々的にアピールしている。2013年上半期に，南方影視伝媒集団，広東電視台が，広東省海洋と漁業局，広東海事局，広東省旅遊組織とともに，「広東沿海行」と題する報道番組を放送した。これは，海洋をめぐる国家戦略や発展の方法などを紹介し，広東省沿岸地域の未来の発展の道程を紹介する，という内容だった[44]。

広東省は新たに海洋の研究機関を立ち上げ，人材育成にも取り組んでいる。人文社会科学研究の面では，2009年に広東省社会科学院に広東海洋史研究センターを創設した。センターは，南シナ海とアジアの海洋研究において重要な役割を担っており，歴史研究だけでなく，経済と政治についても研究を行う。海洋を政治面から研究する試みは新しいが，これは広東省から海洋戦略に長けた人材が輩出されることを狙ったものだという[45]。

しかし，広東省政府のブレーンである学者からは，省の取り組みと成果は思うような結果に結びついていないとの批判が出ている。広東省社会科学院産業経済研究所の向暁梅所長は，「山東省と浙江省はそれぞれの特性を活かし，チャンスをものにしている。一方で広東省は両省に遅れをとっている。状況を挽回し，海洋経済を発展させなければならない」[46]。中山大学海洋経済研究センター副教授の呉迎新らも，「広東の海洋経済は，上海，山東，江蘇などの省市との差が縮小している。さらに日本，韓国，シンガポールなどの国家との間でも厳

---

43) 「広東省加快推進海洋強省建設」『同舟共進』第12期（12），2013年。

44) 同上。

45) 胡文濤・陳晗堯「我国推出『海洋強国』戦略的動因与意義──広東面臨的新挑戦和新機遇」『戦略決策研究』2013年第6号，15-16頁。

46) 向暁梅「加快制定『深藍科技計劃』創新引領海洋強省建設」『広東経済』2013年11期，60-63頁。

しい競争と挑戦に直面している。海洋経済の発展というチャンスを摑むかは，広東の経済社会の発展にとって非常に重要な問題である」と論じる[47]。

　たしかに，広東省が海洋経済を発展させるためには水質汚染などの環境問題の改善に加えて，外資をはじめとする資金の確保など，課題が山積している。近年は，中央政府から地域振興策が承認されても，必ずしも中央からの補助金獲得には結びつかなくなっている。2000 年代後半に入ると，地方振興策は中央政府が主導するトップダウンの決定から，各地方政府が地元の特色を活かして自ら地域発展計画を策定し，国務院の承認と支援を得て推進する，という形が増えている[48]。広東省も同様で，自ら経済発展計画を策定して中央政府に積極的にアピールし，承認を得た上で実際の計画を推進している。

　「一帯一路」構想の実施にあたっては，広東省をはじめとする沿海の地方政府すべてが主要な役割を果たすべく，中央政府に対して名乗りをあげている。各地方政府が，自らの省の経済政策を「一帯一路」構想と結びつけて，中央政府に発展計画を提出し，中央の政策として認可されるよう働きかけを行っている。

　中国沿海部の地方政府は経済発展のモデルの転換を求められており，経済発展の軸を海洋に求める姿勢を強めている。今後，沿海部の地方政府間の海洋をめぐる競争が激しくなることで，中国が海洋をめぐってより積極的な行動をとるようになることも予想される。

6. おわりに

　本章は，大国となった中国の新たな外交として，「一帯一路」構想の発表，構想を資金面で支える AIIB とシルクロード基金の創設，そして広東省の「海のシルクロード」構想への参画を取り上げた。「一帯一路」構想の発表は，中国政府がリーダーシップをとって地域の秩序，ルールを形成するという意思表明と

47）　呉迎新・陳平・李静・揚海生「広東建設海洋経済強省的優勢，問題和対策」『港澳経済』第 7 期（7），2014 年，49-51 頁。

48）　張兵「中国における海洋経済発展戦略の政策展開とその実態：山東半島藍色経済区発展規画を事例に」環日本海経済研究所『Erina report』115 号，2014 年 1 月，22-31 頁。

6. おわりに

見ることができる。また，構想が実行に移されれば，アジアの周辺国に中国の経済的な影響力が一層拡大することになるだろう。

　構想の実行を資金面で支える AIIB の設立は，中国が改革開放以降の 30 年をかけて国際機関に加盟してきた経験，そして 2000 年からの上海協力機構という地域機構を運営した経験を基礎として，中国自らが主体となって金融のルール作り，秩序作りを目指すものである。中国は，これまでは欧米諸国の作ったルールを学習し，それにしたがうという姿勢を見せてきたが，AIIB の設立は，新たに中国が中心となってグローバルな国際機関の運営を目指すものである。

　AIIB はドイツやイギリスなど欧州各国が参加することになり，中国が独断的にルールを決定して運営することはむずかしくなった。しかし，これまで欧米が主導する国際機関に後から加盟した中国が，経済大国となり，自らグローバルな国際機関を設立し，運営しようとすること自体が画期的である。中国は既存のルールの学習という姿勢から抜け出し，まさに大国として新たな外交を繰り広げるようになっている。

　「一帯一路」構想の実現に向けては，中央政府に加えて地方政府も積極的に関わるようになっている。広東省はこれまで「世界の工場」として中国の経済発展を支えてきたが，近年，経済発展の方式の転換を迫られており，海洋権益の確保を重要事項と定め，海洋開発に取り組む姿勢を見せている。広東省は，「一帯一路」構想，特に海のシルクロード構想の発表を，広東省の経済発展のための好機と捉え，自ら省の経済振興策を策定し，中央政府に振興策を採択するよう働きかけを強めているのである。さらに，広東省だけでなくさまざまな沿海部の地方政府が，自らの省の経済政策を「一帯一路」構想に結びつけて，自らの省の発展計画を中央の政策として認可してもらうよう提案を続けている。

　中国国内では，経済大国となるにしたがって経済力をつけた，対外政策に利害を有する集団が数多く生まれている。海外との貿易で経済力をつけた地方政府もその一つである。中国の対外政策に利害関係を持つ集団が増えることで，それぞれが国益とみなす事項も増え，中国政府は，外交を行う際にも国内の利害関係者の意見により多く配慮し，利害関係者の利益を追求する必要が出てく

る。今後，地方政府の間で海洋開発をめぐる競争が激しくなれば，中国政府は海洋開発をめぐって対外的な譲歩がむずかしくなり，結果として中国政府の海洋問題をめぐる対応が強硬化することもあるだろう。

終　章　中国の大国外交への道のり

1. 中国の国際機関外交の変遷

　1978 年の改革開放以降，中国は急速な経済成長を続けて 2010 年に世界第 2 位の経済大国となった。その結果，国際機関でも中国は既存のルールや運営方法を変えうるだけの影響力を持つ存在となりつつある。中国は大国化するにつれて，国際機関外交も変化させている。本書は，中国はなぜ，どのように国際機関外交を変えたのか，という大きな問題意識のもとで，中国の大国化により国際機関外交はどのように変化したのか，そして中国の対外政策決定の構造の変化は国際機関外交，中国外交にどのような変化をもたらしているのか，という問いを設定した。問いに対する答えを導くべく，中国の国連 PKO, WTO, 人権の国際機関への中国の対応変化，そして新たな中国外交として中国の海洋経済政策を事例研究として分析した。以下で事例研究で明らかになったことをまとめていこう。

　中国の国際機関外交を振り返ると，大きく 2 つの時期を経て現在に至っていることがわかった。

①ルール遵守の時期：1980 年代〜2008 年

　改革開放政策が採用された 1980 年代から WTO 加盟の 2001 年までは，「加盟と遵守」をキーワードに，中国はほとんどの国際機関への加盟を進め，国際機関のルールの遵守と学習に努めた。そして 2000 年代に，中国は国際機関の

ルール遵守につとめながらも，徐々に国際機関の議題解決に向け，主体的に関わるようになっていった。

中国は，毛沢東時代の 1971 年 10 月 25 日に台湾に代わり国連の代表権を「回復」した。鄧小平主導で改革開放政策が採用されると，1980 年代に中国は国際機関への加盟を次々と進めていき，1980 年に国際通貨基金（IMF）に，1982 年には国連人権委員会に加盟した。中国が加盟している政府間国際機関（IGO）の数は，1966 年には 1 つだったのが，1977 年に 21，そして 1997 年には 52 へと急速に増加した。1989 年 6 月に天安門事件が発生すると，中国は悪化する欧米諸国との関係の埋め合わせをするように，国際機関外交を活発化させた。2001 年 12 月には，長年交渉を続けてきた WTO への加盟を果たした。

国連 PKO に対しては，1990 年代までは中国の国連 PKO への要員派遣数は少なく，財政貢献も最低限であった。中国は国連安保理の常任理事国でありながらも，自国の国連 PKO の参加原則である伝統的 PKO 三原則，すなわち同意原則，中立原則，自衛以外の武力不行使原則，さらに国家主権の尊重および内政不干渉原則が重要であると繰り返し主張するのみで，台湾問題など自国に直接関係がある事案以外には，国際紛争の解決に向けて主体的に関わることはほとんどなかった。1999 年のコソボ危機後は，中国は国連 PKO 新設案のすべてに対して賛成を表明し，実際に多くの兵員をアフリカに派遣するようになった。財政的な貢献も徐々に増やしていった。中国は徐々に国連 PKO の設置と運営に主体的に関わるようになっていった。

WTO に対しては，毛沢東時代の中国は，WTO の前身である GATT を敵視していたが，1986 年に「復帰（地位回復）」という形で GATT への加盟を正式に申請した。15 年にも及ぶ交渉を経て，中国は 2001 年 12 月に WTO への加盟を果たした。中国は改革開放を進め，経済発展するために安定した国際環境を必要としていた。また，GATT は主要な国際機関の中で唯一加盟を果たしていない機関で，中国が国際貿易のルール策定のプロセスに入るためにも，GATT への加盟を目指した。しかし，非市場経済国の中国の WTO 加盟交渉は難航した。中国は譲歩を迫られ，貿易相手国のより厳しいダンピング判定の

認定，加盟後 10 年目まで続く経過的審査制度の導入など，他の加盟国に比べて厳しい条件を受け入れた。

WTO 加盟後の 5 年間，中国は WTO が求める義務や約束の履行に前向きに取り組み，ルールの遵守に努めた。結果として，中国国内の貿易をめぐる法整備が進んだ。新たな国際貿易のルール作りを話し合う WTO ドーハ・ラウンドにおいては，中国は目立った発言や反対の意思表明をすることはほとんどなかった。2005 年 12 月に香港で開かれた WTO 部長級会議では，中国は先進国と途上国の橋渡し役を務めるなど，徐々に WTO の運営にも関わるようになった。

人権領域の国際機関に対しても，中国は 1980 年代から加盟を進めた。1982 年，中国は国連人権委員会の正式メンバーとなり，1983 年には ILO 総会に代表団を派遣して活動を開始した。1997 年には，中国は国際人権条約の社会権規約（A 規約）に署名し，2001 年に批准した。自由権規約（B 規約）についても 1998 年に署名した（しかし現在も批准していない）。労働者の権利を守る中国の国内法も整備され，特に，1994 年 7 月の労働法は ILO の国際労働基準を参考にしたものであった。欧米の研究者は，中国の人権領域の国際機関への加盟を高く評価している。その理由は，中国は 1991 年からほぼ毎年人権白書を発行し，徐々に国際人権規範に基づいた主張を行うようになっている，中国は人権領域の国際機関への参加によって，普遍的な人権の概念を徐々に受け入れるようになっている，というものである。

国連人権委員会においては，中国は他国の人権状況の改善に向け，会議に出席はするもののほとんど発言や行動をしなかった。中国政府は自由権をのぞいて国際機関が定めるルールを基本的には遵守していると，その姿勢をアピールしている。たとえば，2004 年の憲法改正時に「国は人権を尊重し保障する」の文言を加えたことは，中国が人権には普遍的な側面があることを一定程度，承認する立場へ転じたものと解されている。

このように，中国は国際機関への加盟を自国の経済発展のため，そして欧米諸国との関係改善のためのチャンスとして捉え，国際機関への加盟を進めていった。中国は鄧小平の「韜光養晦」の低姿勢の外交方針のもと，国際機関にお

いてもルールの遵守と学習に努めた。

　2000年代前半，中国は2001年6月に上海協力機構の設立を主導し，東南アジア諸国連合（ASEAN）との経済協力関係の強化を進めるなど，多国間外交を展開した。2002年秋からの胡錦濤政権は経済成長を第一に掲げていた。中国はアメリカと対テロで協力関係を築き，比較的安定した国際環境のもとで国際機関を積極的に活用して経済成長を続けていったのである。

②自己主張の時期：2009年〜

　2009年以降は，中国は国際機関のルール遵守は基本的に続けるものの，自己主張を強めていった。中国は，2008年末の世界金融危機をいち早く乗り越え，2010年に世界第2の経済大国となり，大国として国際機関における地位向上の要求を強めている。

　国連PKOでは，中国は2000年代半ば以降，それまでの消極姿勢を変えて，国連PKOミッションの設置と運営にイニシアティブをとって関わるようになった。中国は国連PKOへの財政的，人的貢献を増やし，高官ポストを獲得した。台湾問題をめぐる国連PKOに関しても，1990年代のように拒否権をちらつかせて議決を遅らせたり，廃案とするような行動をとることはなくなった。これは中国が国際社会での影響力が台湾と比べて圧倒的となったことで，中国が台湾問題で強硬姿勢をとるよりも，国際的なイメージの向上を重視するようになったことがある。

　WTOでは加盟後5年を過ぎた2007年以降徐々に，中国の貿易政策がWTOルール違反と判断され，WTOの紛争解決制度に提訴されるケースが増えていった。同時に中国政府もWTO紛争解決制度を積極的に活用し，自ら欧米諸国など貿易相手国を訴えるようになった。2009年には，紛争案件総数14件のうち，実に半数が中国が関わる案件となった。中国は，アメリカとEUが国際貿易ルールに違反しているとして，自ら申し立てを行った。ドーハ・ラウンドにおいても，中国は2008年頃から交渉スタイルを変更し，自らの意見を主張し，譲歩の姿勢をとらなかった。結果として，中国をはじめとする新興国とアメリ

1. 中国の国際機関外交の変遷 155

カなど先進国の対立が激しくなり，他の要因も重なって，WTO は新たな国際
貿易のルールを決められずにいる。このため，中国は交渉相手を絞った形の
FTA の締結を進めており，特にアジア地域においては，中国と周辺国との間
で貿易のルールが形成されている。

人権領域の国際機関においては，中国は2006年に国連人権委員会から改組
された国連人権理事会において理事国の地位獲得に執着しているが，加盟国の
人権状況改善に向けてイニシアティブをとって関わることはせず，理事国とし
ての責任を果たしていない。中国政府は，国内外からの自由権規約批准や人権
状況改善の要求を受け入れず，国内では相次いで人権活動家を拘束するなど，
人権をめぐって強硬姿勢を強めている。中国は人権の国際ルールへの適応とい
う姿勢はとらないが，一方で国際機関での地位向上は求めるという，自己中心
的な対応をとっている。

このような2009年以降の中国の国際機関外交は以下の2つの特徴がある。
第1に，中国は国際機関における地位向上を目指しており，高官ポストを獲得
して存在感を高めることに熱心である。中国は国連安保理では，拒否権を有す
る常任理事国としてすでに大きな政治力を持っているが，これまでは自国の直
接の利益が脅かされるような場合を除いては，大国としての責任を積極的に負
うことはなかった。中国は，国連 PKO の設置と運営において，また要員派遣
や財政的な貢献面でも国連 PKO への関わりを強めており，これは国連安保理
での存在感と地位の向上につながっている。また，中国政府は国内外に向けて
国連 PKO への貢献を「大国としての責任」を果たすものとアピールしており，
国連 PKO への貢献を行うことで自国のイメージ向上を目指している。

WTO においても同様で，中国はこれまで既存の国際経済秩序，ブレトン・
ウッズ体制の形成に関与できないまま，欧米主導の現行のルールに合わせてい
かなければならなかったと不満を抱いてきた。WTO の高官ポストの獲得，
WTO 事務局正職員の中国籍の人材の増加などの要求を通して，影響力や発言
力の向上を目指している。国連人権理事会においても，中国は他国の人権状況
改善に責任を持つ理事国のポジションの獲得に熱心である。

このような中国の国際機関への要求は，これまで国際社会における地位がいかに低かったかという，いわば劣等感が背景にあろう。2012年秋の就任後に，習近平がまず中央政治局常務委員とともに国家博物館で「復興の道」展を見学し，「中華民族の偉大な復興の実現」を論じたように，中国はこれまで長く国際社会における地位が低く，国際社会から尊敬されていないとの劣等感を持っていた。国際機関は，中国の国際的地位向上のために重要な手段であり，中国は大国化すると国際機関での地位向上を声高に求めるようになっている。

　第2は，特に経済領域のルール作りへ向けた中国の行動が顕著である。世界第二の経済大国となった中国は，強みを持つ経済分野で国際的なルール作りに取り組んでいる。WTOでは，新たな国際貿易のルール作りを行うドーハ・ラウンドの停滞で，中国は交渉相手国を絞ったFTAの締結に注力している。IMFや世界銀行では依然としてアメリカとヨーロッパ中心で意思決定が行われており，中国は世界第二位の経済大国となりながらも，国際金融機関のトップの座がまわってこないとの不満を抱えている。IMF，世界銀行の改革が進まない状態のなか，中国は自らが主導しAIIBの創設に着手した。

　ここで，事例研究の結果を序章で設定した想定される5つの対応変化にあてはめてみよう。国連PKOに関しては，大国化した中国は，国連PKOの運営，ルールや規範作りにイニシアティブをとって関わり，議論をリードするようになっている。このため，第2の「遵守，貢献」へと対応を変化させた。WTOにおいては，中国は2000年代後半から，WTOの国際貿易ルールに従わず自国の主張を繰り返しており，結果として欧米諸国との対立が深まっている。しかし紛争解決制度における中国の自己主張は，あくまで制度の手続きと手順を踏まえたうえで行われている。このため，第3の「制度内現状変革」の対応をとるようになった。一方で，WTOのドーハ・ラウンドの停滞によって，中国は自らFTAの締結に乗り出している。これは既存の枠組みの外で主導権を握って新たなルール，秩序作りを行うようになったものと見ることができ，中国は徐々に第5の「新制度」，すなわち既存のWTOの枠組みのそとで，新たなルールと慣習の貿易制度［FTA］をつくりあげる方向へと動いている。

1. 中国の国際機関外交の変遷　　157

人権領域においては，中国は 2000 年代後半に自己主張を強めている。中国は，自国の利益追求のために国際機関で地位の向上を要求しており，国際機関で他国との対立を起こすこともあるが，あくまで国際機関の手続きと手順を踏まえたものであることから，第 3 の「制度内現状改革」の対応をとるようになった。さいごに，AIIB の設立は中国が既存の枠組みの外で，新たな国際金融制度を創設したものであり，第 5 の「新制度」創設にあたる。大国化した中国は，新たな国際機関の創設という能動的な対応をとるようになっている。

では，なぜ中国は 2009 年以降，国際機関外交を変えていったのだろうか。その要因としては，中国の大国化による対外姿勢の変化と対外政策に関わる国内アクターの多元化という大きく 2 つがある。

国連 PKO では，中国は経済大国化したことで，国連 PKO への財政的貢献を行うだけの財力を持つようになった。中国は人口大国として豊富な人材も抱えている。また，共産党指導部，人民解放軍，関係省庁そして国内の有識者の間では，国連 PKO への貢献は安全保障，経済，国際社会における中国のイメージアップにつながる，との肯定的な意見が多数を占めている。なかでも人民解放軍は，国連 PKO への参加を，軍の経験につながるものとして賛成している。国連 PKO 政策に関わるアクターの間で意見の対立が少ないことも，中国の国連 PKO への協調姿勢への転換の背景にある。

WTO では，中国は 2007 年以降自己主張を強めているが，背景には中国の経済大国化の結果として貿易政策の変更を行ったこと，そして指導部が自国の貿易政策を強力に推しすすめていることがある。中国は輸出主導から内需拡大を重視する姿勢を強めている。さらに WTO ドーハ・ラウンドの停滞により，中国は WTO 加盟当初に想定した国際貿易ルール策定プロセスへの参入という利益を得ることができずにいる。また，中国国内のアクターの政府に対する要求も強まっている。中国が WTO 紛争解決制度で訴えられる案件の多くは，中国の国内企業団体の保護政策に関連したものである。なかでも豊富な資金力を持ち，利益集団化している大型国有企業は，政府への要求を強めていると見られ，政府は国有企業の経済的利益を害するような対外的な妥協が難しくなって

いる。

　人権領域の国際機関では，中国が大国化したことで，人権状況改善を訴える
国際機関や欧米諸国からの中国政府に対する「外圧」が低下している。欧米諸
国にとって自由権を中心とする人権概念は重要なことに変わりないが，大国と
なった中国に対して人権状況の改善を強く迫ることができない，また迫っても
効果がないといった，ある種のあきらめが存在しているようだ。さらに，中国
国内の人権活動家や弁護士，市民らは，政府に対し国際ルールに従って中国も
言論の自由や結社の自由などの権利を認めるべきとの要求を行っているが，政
府はこれらの要求を抑え込んでいる。習近平政権では，共産党体制の堅持を理
由に，体制に脅威を与えるような言論や人権活動家への弾圧を強めている。

　中国は 2008 年夏の北京五輪を成功させ，同年末の世界金融危機を世界各国
に先駆けて克服した。2009 年になると，中国では外交路線見直しの機運が高ま
った。2009 年 7 月の第 11 回駐外使節会議では，胡錦濤国家主席が「韜光養晦，
有所作為」の低姿勢の外交方針に「堅持」，「積極」の 4 文字を加え，「堅持韜光
養晦，積極有所作為」と修正する新たな外交路線を示した。会議直後に開かれ
た第 1 回米中戦略・経済対話では，戴秉国国務委員がこれまで台湾やチベット
に限って使われてきた中国の「核心的利益」の範囲拡大を表明した。

　このような中国の外交路線の見直しは，実際の行動にもあらわれた。2009 年，
南シナ海において，中国の監視船がベトナム漁船などを相次いで拘束した。同
年 12 月にデンマークのコペンハーゲンで開催された気候変動枠組条約第 15 回
締結国会議（COP15）では，中国は温暖化ガス削減の数値目標の負担を回避すべ
く先進国と対立した。2009 年の中国外交の変化は，国際機関外交でもあらわれ
た。中国は国際機関のルールを遵守するという姿勢を基本的にとりながらも，
自己主張を強めていったのである。このような国際機関外交の変化の背景には，
中国の大国化と対外政策決定に関わるアクターの多元化の 2 つがからみあって
いたのである。

2. 大国外交の展開

2.1 大国化した中国の新たな外交

　2012年秋からの習近平政権に入ると，中国は大国外交を展開するようになった。胡錦濤政権では大国外交という表現をアメリカとロシアとの関係に限って使用してきたが，習近平政権では，指導者自らが自国を大国と表現し，外交を展開するようになっている。

　習近平国家主席は2014年11月末に，8年ぶりに開かれた中央外事工作会議で，「中国は自己の特色ある大国外交を必ず行わなければならない」と語った。この「中国の特色ある大国外交」とは，中国が被害者心理から真に脱却し，外交に対する自信，自覚，自尊心を持つことで，大国の地位にふさわしい大国としての責任を引き受けるようになることと，中国国内ではとらえられている。こうした中国の指導者の大国意識によって，中国外交に変化があらわれている。

　2014年11月に中国が発表した「一帯一路」構想は，陸の「シルクロード経済ベルト（一帯）」と海の「21世紀海上シルクロード（一路）」からなる壮大な外交・経済圏構想であるが，構想の発表は中国政府がリーダーシップをとって地域の秩序とルールを形成するという意思表明と見ることができる。

　中国の地域秩序とルール形成の意思表明は，単なる言葉だけではなかった。実際に，中国政府は「一帯一路」構想を資金面で支える，新たな国際金融の制度作りにも着手した。それがAIIB，新開発銀行，シルクロード基金である。AIIBは2013年10月に習近平が設立を提唱したもので，2015年12月25日に設立された。AIIBの設立は，中国が改革開放以降の国際機関に加盟してきた経験，そして2000年からの上海協力機構という地域機構の運営を主導した経験を基礎として，中国が主体となって国際金融のルール作りと秩序作りを目指すものである。中国は，これまでは欧米諸国の作ったルールを学習し，基本的にはそれに従うという姿勢を見せてきた。AIIBは新たに中国が中心となってグローバルな国際機関の運営を目指すものである。AIIB設立の例からもわか

るとおり，中国は既存のルールの学習という受動的な姿勢から抜け出し，まさに大国として新たな外交を展開するようになっている。

中国は国益の範囲を拡大し，海外権益を積極的に獲得すべく行動を起こしている。中国は国家主権の維持と領土保全をいわゆる「核心的利益」，すなわち中国共産党と政府にとって「妥協する余地のない国益」として，これまで台湾，チベット，ウイグルに関する問題に限ってこの言葉を使用してきたが，中国政府高官は近年，「核心的利益」の対象に南シナ海を加える可能性を示唆している。

政府関係者が「核心的利益」の範囲と，そこに含まれる要素を拡大するようになった背景として，中国が大国になるにしたがって自国の利益の範囲をより拡張する傾向が強まっていったことがある。共産党の指導者は，エネルギーや食料の獲得がむずかしくなれば，中国共産党の体制維持に問題が生じるとの強い危機感を持っている。習近平政権では特に海洋権益追求の動きが顕著で，中国政府はいわゆる「核心的利益」に南シナ海などの海洋権益を含める方向に動いているのである。

2.2 アクターの多元化が中国外交に及ぼす影響

中国の対外政策は，これまで中国共産党，国務院，人民解放軍の三者という一部のリーダーが決定してきた。毛沢東，鄧小平というカリスマ性のある指導者が退き，江沢民，胡錦濤政権期になると，集団指導体制のもとで指導者間や省庁間で協議，合意を得るという多元的な政策決定構造へと変わった。さらに，改革開放以降，経済成長を続けた結果，中国国内に経済力をつけた数多くの集団（アクター）が登場し，中国の政策形成にも新たに登場したアクターが関わるようになっている。これまでの研究で，2000年代以降の中国の対外政策は，中国共産党，国務院，人民解放軍という伝統的な三者に加え，企業，地方政府，インターネット世論などのアクターが関わるようになっていることが明らかになっている。なかでも，大手国有企業と地方政府が利益集団化し，中国外交への関わりを強めている。中国の国際機関外交や海洋政策の決定についても，党中央が政策の最終決定権を持つという形を保ちながらも，新たなアクターが政

2. 大国外交の展開

策決定に関わる空間は以前より広がっている。この点を鑑みるならば，中国の外交姿勢の変化の要因を考える上で，多元化したアクターに着目することが重要になっている。

中国が大国化し，中国の対外政策決定に関わるアクターが多元化した結果，中国外交には以下のような変化があらわれている。第1に，中国政府は国内のアクターの利益に反するような，国際機関で弱腰ともとれるような協調外交を展開することが以前よりもむずかしくなっている。中国の大国化にともない，中国国内では経済力をつけた利益集団が多数生まれ，彼らの要求が対外政策にも反映されるようになっている。彼らが政府に対して自らの利益保護を求めてさまざまな働きかけを行うようになり，政府はそれらの意見を無視して政策決定を行うことがむずかしくなっている。中国国内のそれぞれのアクターの要求は異なっており，それが政策対立にもつながりうる。政府は，本来はアクター間の利害調整を行うが，対応すべき事柄が増え対外政策を統括することが以前よりも困難になっている。政府は国内アクターそれぞれの異なった要求を考慮しなければならず，系統立った政策を打ち出して実施することもむずかしくなっている。習近平政権では外交の強硬化が目立つが，これは外交で強硬策をとらない限り，利益集団化する国内アクターに示しがつかないということもあろう。

第2に，アクターが多元化すると，アクター間で競争が生まれ，結果として外交が強硬化することもある。第5章で論じたように，地方政府が「一帯一路」構想の実現に向け積極的に関わるようになっている。たとえば広東省は，海洋権益の確保を重要事項と定め，海洋開発に取り組む姿勢を見せている。広東省の指導者たちは，「一帯一路」の海のシルクロード構想の発表を広東省の経済発展のための好機と捉え，独自の経済振興策を策定し，中央政府に振興策を採択するよう働きかけを強めている。広東省だけでなくさまざまな沿海部の地方政府が，自らの省の経済政策を「一帯一路」構想に結びつけて，中央の政策として認可してもらうよう提案を続けている。海外との貿易で経済力をつけた地方政府も，対外政策に利害を有する新たな利益集団となったのである。このような中国の対外政策に利害関係を持つ集団が増えていき，それぞれが国益とみな

す事項も増えている。今後，地方政府の間で海洋開発をめぐる競争が激しくなれば，中国政府は海洋開発をめぐって対外的な譲歩がむずかしくなり，結果として中国政府の海洋問題をめぐる対応が強硬化することもある。

　このように，中国は大国化しているが，実はこれまでのように一つの強い中国ではない。現在の中国は，国内に経済力をつけたさまざま利益集団が存在する，多様で多元的な国なのである。そして，中国政府はそれらの利益集団の意見に，より耳を貸さなければならなくなっている。中国は大国化したが，対外政策に利害を持つ利益集団が国内に存在するようになったため，政府は一貫した対外政策決定を行うことも，また国際社会と協調姿勢をとることも，以前よりもむずかしくなっている。

3. 大国化した中国にいかに向き合うか

　では，中国は今後，どのような大国となっていくのだろうか。世界第一位の経済力と軍事力を持つアメリカは，冷戦後に「超大国」，2000年代前半に「帝国」と呼ばれたが[1]，中国もアメリカのような超大国，帝国となっていくのだろうか。毛里和子は，今後の中国を「帝国」という視角から考察し，その際の判断基準として以下の4つを挙げた。「①世界に『公共財』を提供できるかどうか，②帝国の要件の一つである文化力（支配的価値）を提供できるかどうか，③自立的国民経済を許さないグローバルな経済力を提供できるかどうか，④世界秩序のメトロポールたる『帝国』になりたいという欲望をもつかどうか」。そして，「相当長い将来にわたって，中国がこれらの基準を満たすことがあるとは考えにくい」と結論付けた[2]。

---

1)　2000年代初め，アメリカが9・11後に対テロ戦争を行うと，アメリカを「帝国」と捉える議論が盛り上がりを見せた。例えば，藤原帰一は9・11後のアメリカを「非公式の帝国」と論じた。藤原帰一『デモクラシーの帝国：アメリカ・戦争・現代世界』岩波書店，2002年。このほかの論考として，たとえば以下がある。山本吉宣『「帝国」の国際政治学：冷戦後の国際システムとアメリカ』東信堂，2006年。
2)　毛里和子『グローバル中国への道程：外交150年』岩波書店，2009年，181頁。

たしかに，第1の「公共財」の提供に焦点を当てると，中国の国際社会における公共財の提供は限定的である。中国は国連PKOへの貢献や，ソマリア沖での海賊対策など一部の行為を持って「大国としての責任」を果たしていると主張する。しかし，かつてアメリカが国際機関の設立と運営に主導的に関わり，自由な市場を世界に提供したこととくらべると，中国の国際社会への公共財提供への取り組みははるか及ばない。中国はAIIBの設立を主導しているが，これが国際社会の公共財となりうるかは，現時点で不明瞭である。第2の文化力に関しても，中国は現時点で有しているとは言いがたい。第3の経済力に関しては，中国は世界第2の経済大国となったが，習近平政権では中国経済は減速し，高度経済成長のひずみとして大気汚染や環境破壊などの問題が深刻化している。第4の中国の指導者は帝国となる欲望があるかについては，明言はしていないものの，習政権が世界の大国として国際社会から尊敬を受けたいと考え，国際機関での地位向上を目指していることはたしかである。このように，中国は現時点で「帝国」の4つの基準のうちの一つしか達成していない。毛里が指摘するように，中国がアメリカのような帝国，大国になるには相当の時間と努力が必要だといえる。

　何よりも，中国は他国が共有できるような価値感や規範を有しておらず，それを国際社会に提供することができていない。2015年9月に，中国政府は北京で抗日戦勝70周年記念軍事パレードを行った。しかし，参加したのはロシア，韓国，パキスタンや北朝鮮など一部の国のみで，欧米の国家元首の参加は韓国を除いてなかった。この軍事パレードによって，中国の友好国はごく一部であることが改めて明らかになった。中国は，アメリカのように世界に軍事同盟関係を有しているということもない。また，経済面でも2008年の金融危機後には，中国型の経済発展のモデルは他国にあてはめ可能かという「中国モデル」論が盛んに論じられたが，現在は他国に中国型の発展モデルはあてはめ不可能ということで議論が収束している。

　では，「大国化」しているものの「アメリカのような大国にはならないだろう中国」をどのような国としてとらえるのがよいだろうか。筆者は，中国は他国

が共有できるような規範や文化力を持たない，いわば「孤独な大国」であると考える。中国は世界の大国となるとの意思を持ちつつも，アメリカ型の大国でもなく，冷戦期のソ連型の大国でもなく，他国が共有できる規範や文化力を有しておらず，一部の友好国も価値や規範を共有しているのではなく中国の経済力により関係を深めているという意味で，中国は「孤独な大国」なのである。

　では今後，日本を含む国際社会は「孤独な大国」である中国にどう対応していくべきだろうか。ハリー・ハーディング（Harry Harding）は，2016年秋のアメリカ大統領選を前に，アメリカの対中政策をめぐる論争が天安門事件以来最も激烈である，と論じている。

　アメリカは中国に対し，政治，経済，対外行動で失望している。政治面では，体制の自由化が未達成で，政府の規制は強化されている。経済面では政府と党による核心部門の所有と統制が強いままである。対外行動でも，中国は国際システムの「責任あるステークホルダー（利害共有者）」になっておらず，国際公共財の負担共有でなく負担転嫁（タダ乗り，安値乗り），既存システムへの挑戦（アメリカの同盟体制非難，代替的ないし競争的システム形成），アメリカの安全保障に挑戦（軍事力近代化，南シナ海，東シナ海での一方的行動）している。今後の対中政策をめぐってアメリカでは大きく3つ，継続（関与），取引，強硬化の意見があるが，最も注目されているのは強硬化である[3]。

　そして，大統領選の結果，ドナルド・トランプ政権が誕生し，今後のアメリカの対中政策は強硬化に向かうものと見られる。しかし筆者は，国際社会が国際機関などの多国間の制度や取り組みを通して中国に関与していくというアプローチは，万能ではないものの，依然として有効であると考えている。

　2016年7月，南シナ海の中国の海洋進出をめぐって，オランダ・ハーグの仲裁裁判所は，中国が主権を主張する独自の境界線「九段線」に国際法上の根拠がないと認定した。中国が進める南シナ海での埋め立てや人工島の造成は，国際法上の根拠がないとの判断が下り，申し立てを行ったフィリピンの主張が認

---

3)　Harry Harding, "Has U.S. China Policy Failed?", *The Washington Quarterly*, Vol. 38, No. 3, Fall 2015, pp. 95-122.

められ，一方の中国は全面敗訴の結果となった。フィリピンでは政権が変わり，今後のゆくえも流動的になっているが，中国のこのような国際ルールを無視した海洋をめぐる強硬姿勢を制御するためにも，国際機関などの多国間の取り組みや国際的な紛争解決制度は依然として有効である。国際機関は，加盟国に国際ルールを守らせる，社会化を狙うという一定の効果を持っている。中国に国際ルールを遵守させるためにも，いまこそ国際機関の関与が必要になっている。

　大国化する中国にいかに向き合うかという問題は強硬策，協調策と簡単に答えを出せるものではないが，昨今の中国の海洋進出などの強硬姿勢ばかりを取り上げて，中国の内実を理解せず，強硬策に傾くことは建設的とは言えない。中国は「孤独な大国」であり，また中国国内は多元的であるということを理解した上で，日本を含む国際社会は，国際機関と連携して中国の大国化に対応していくことが必要と言えよう。

主要参考文献

【日本語】

著書・論文

青山瑠妙・天児慧『超大国・中国のゆくえ2 外交と国際秩序』東京大学出版会，2015年。

青山瑠妙『中国のアジア外交』東京大学出版会，2013年。

青山瑠妙『現代中国の外交』慶應義塾大学出版会，2007年。

青山瑠妙「国際関係論から見た中国」『ワセダアジアレビュー』No. 16，2014年。

浅野亮「中国の対外政策方針の変化：その決定メカニズムとプロセス」『国際問題』602号，2011年。

浅野亮「対外政策の構造と決定」，天児慧・浅野亮編『中国・台湾』ミネルヴァ書房，2008年。

天児慧『「中国共産党」論：習近平の野望と民主化のシナリオ』NHK出版，2015年。

天児慧・三船恵美編『膨張する中国の対外関係：パクス・シニカと周辺国』勁草書房，2010年。

天児慧・浅野亮『中国・台湾』ミネルヴァ書房，2008年。

有賀貞編『外交政策』東京大学出版会，1989年。

飯田敬輔「国内経済マネージメント体制と国際経済秩序：BRICSによる国際経済秩序改革要求を中心に」『国際問題』618号，2013年1月。

飯田敬輔「法化と遵守：グローバル経済と国家主権の相克の観点から」『国際政治』153号，2008年11月。

飯田敬輔「対中人権外交」『社會科學研究』54（2），2003年3月。

飯田将史『海洋へ膨張する中国：強硬化する共産党と人民解放軍』角川マガジンズ，2013年。

泉川泰博「パワーシフトの国内政治と変容する日中関係」『アジア回帰するアメリカ：外交安全保障政策の検証』NTT出版，2013年。

伊藤亜聖「中国『一帯一路』の構想と実態：グランドデザインか寄せ集めか？」『東亜』579号，2015年9月。

猪口孝監修，山本吉宣・黒田俊郎編『国際地域学の展開：国際社会・地域・国家を総合的にとらえる』明石書店，2015年。

海老原毅「1990 年以降の日本における中国対外政策研究の動向：経済外交を中心に」『アジア経済』46 (2)，2005 年 2 月。

王珠恵「中国における児童労働の現状」『世界の労働』2008 年 9 月。

大橋英夫『米中経済摩擦：中国経済の国際展開』勁草書房，1998 年。

大橋英夫「中国の経済外交：WTO ドーハ・ラウンド交渉の事例」『中国外交の問題領域別分析研究会報告書』日本国際問題研究所，2011 年。

大矢根聡編『コンストラクティヴィズムの国際関係論』有斐閣，2013 年。

大矢根聡編『東アジアの国際関係：多国間主義の地平』有信堂高文社，2009 年。

岡部達味『中国の対外戦略』東京大学出版会，2002 年。

勝間靖編『アジアの人権ガバナンス』勁草書房，2011 年。

加藤弘之『中国経済学入門：「曖昧な制度」はいかに機能しているか』名古屋大学出版会，2016 年。

加藤弘之・渡邉真理子・大橋英夫『21 世紀の中国経済篇：国家資本主義の光と影』朝日新聞出版，2013 年。

加藤弘之『「曖昧な制度」としての中国型資本主義』NTT 出版，2013 年。

加藤弘之『現代中国経済論』ミネルヴァ書房，2011 年。

川島真・毛里和子『グローバル中国への道程：外交 150 年』岩波書店，2009 年。

川島真編『中国の外交：自己認識と課題』山川出版社，2007 年。

川島富士雄「WTO 加盟後 10 年を経た中国における法制度及び事業環境：グローバル・スタンダードと中国的特色のある制度の衝突？」『組織科学』45 (2)，2011 年。

川島富士雄「貿易分野における中国の多国間主義：『協力』と『自主』の現れとしての WTO 対応」，大矢根聡編『東アジアの国際関係：多国間主義の地平』有信堂，2009 年。

木間正道・鈴木賢・高見澤磨・宇田川幸則『現代中国法入門』有斐閣，2009 年，2012 年。

草野厚『政策過程分析入門』東京大学出版会，1997 年。

久米郁男他『政治学』有斐閣，2003 年，2011 年。

河野勝「『逆第二イメージ論』から『第二イメージ論』への再逆転？」『国際政治』128 号，2001 年 10 月。

国分良成編『中国は，いま』岩波書店，2011 年。

小寺彰「FTA と WTO：代替か，補完か？」『国際問題』556 号，2007 年 11 月。

五月女律子「対外政策決定論の再検討」『国際政治』128 号，2001 年 10 月。

佐々木智弘編『現代中国の政治変容：構造的変化とアクターの多様化』アジア経済研究所，2005 年。

佐々木智弘「WTO 加盟と政府改革・政治改革」, 国分良成編『中国政治と東ア
　　ジア』慶應義塾大学出版会, 2004 年。

佐藤英夫『対外政策』東京大学出版会, 1989 年。

佐藤美佳「驚くべき変貌を遂げた中国国有石油会社の民営化」『石油／天然ガス
　　レビュー』2002 年 5 月。

下村恭民・大橋英夫・日本国際問題研究所編『中国の対外援助』日本経済評論
　　社, 2013 年。

清水美和「対外強硬姿勢の国内政治：『中国人の夢』から『中国の夢』へ」, 国
　　分良成編『中国はいま』岩波新書, 2011 年。

須藤季夫『国家の対外行動』東京大学出版会, 2007 年。

添谷芳秀編『現代中国外交の六十年：変化と持続』慶應義塾大学出版会, 2011
　　年。

高木誠一郎編『脱冷戦期の中国外交とアジア・太平洋』日本国際問題研究所,
　　2000 年。

高原明生「東アジアの多国間主義：日本と中国の地域主義政策」『国際政治』133
　　号, 2003 年。

竹田純一「中国の海洋政策：『海洋強国』目標への軌跡と今後」『島嶼研究ジャ
　　ーナル』2 (2), 2013 年。

田中哲二「『一帯一路構想』と『AIIB』設立の背景等」『中国研究月報』70 (1),
　　2016 年 1 月。

田中信行編『入門 中国法』弘文堂, 2013 年。

段烽軍「中国の海洋への取り組みについて：第十二次五カ年計画以来の政策動
　　向」, 海洋政策研究財団『Ocean Newsletter』No. 313, 2013 年。

段烽軍「中国の海洋開発戦略：経済社会の持続可能性を求めて」『外交』Vol. 13,
　　2012 年。

陳光中・王平著, 鈴木敬夫訳「中国の労働矯正制度とその改革」『札幌学院法学』
　　2002 年 9 月。

張兵「中国における海洋経済発展戦略の政策展開とその実態：山東半島藍色経
　　済区発展規画を事例に」, 環日本海経済研究所『Erina report』115 号, 2014
　　年 1 月。

辻中豊・李景鵬・小嶋華津子編『現代中国の市民社会・利益団体：比較の中の
　　中国』木鐸社, 2014 年。

辻中豊『利益集団』東京大学出版会, 1988 年。

東郷育子「天安門事件後の中国人権状況の変容とその政策過程：内外圧への抵
　　抗・受容・吸収の力学」『国際政治』145 号, 2006 年。

唐亮・松里公孝編『ユーラシア地域大国の統治モデル』ミネルヴァ書房，2013
　年。

唐亮『現代中国の政治：開発独裁」とそのゆくえ』岩波書店，2012 年。

唐亮『変貌する中国政治：漸進路線と民主化』東京大学出版会，2001 年。

唐亮『現代中国の党政関係』慶應義塾大学出版会，1997 年。

内記香子「遵守研究の展開：『国際法の遵守』への国際関係論からのアプロー
　チ」『国際法外交雑誌』109（1），2010 年 5 月。

中川涼司「中国対外政策の新段階：国際秩序への適応と新秩序創造」『立命館国
　際地域研究』33 号，2011 年 3 月。

中園和仁編『中国がつくる国際秩序』ミネルヴァ書房，2013 年。

永田博美「国連 PKO 改革の行方：ブラヒミ・レポートを中心として」『海外事
　情』49（3），2001 年。

西村幸次郎「グローバル化と現代中国法」『グローバル化のなかの現代中国法』
　成文堂，2003 年。

菱田雅晴「ガット加盟の政治経済学：中国にとっての『外圧』」，毛里和子編『市
　場経済化の中の中国』日本国際問題研究所，1995 年。

藤井大輔「地方政府間競争と財政の持続可能性」，加藤弘之・梶谷懐編『二重の
　罠を超えて進む中国型資本主義』ミネルヴァ書房，2016 年。

藤原帰一『デモクラシーの帝国：アメリカ・戦争・現代世界』岩波書店，2002
　年。

細谷雄一『国際秩序：18 世紀ヨーロッパから 21 世紀アジアへ』中央公論新社，
　2012 年。

増田雅之「中国の国連 PKO 政策と兵員・部隊派遣をめぐる文脈変遷：国際貢
　献・責任論の萌芽と政策展開」『防衛研究所紀要』13（2），2011 年。

松田康博「中国の国連 PKO 政策：積極参与政策に転換した要因の分析」，添谷
　芳秀編『現代中国外交の六十年：変化と持続』慶應義塾大学出版会，2011
　年。

丸川知雄・梶谷懐『超大国中国のゆくえ 4：経済大国化の軋みとインパクト』東
　京大学出版会，2015 年。

美野久志「日本・中国の貿易円滑化とその課題：WTO 新ラウンドと日本・中国
　を核とする広域貿易の促進」『貿易と関税』57（1），2009 年。

三船恵美『中国外交戦略：その根底にあるもの』講談社，2016 年。

毛里和子『中国政治：習近平時代を読み解く』山川出版社，2016 年。

毛里和子・加藤千洋・美根慶樹『21 世紀の中国政治・社会篇：共産党独裁を揺
　るがす格差と矛盾の構造』朝日新聞出版，2012 年。

毛里和子・園田茂人編『中国問題：キーワードで読み解く』東京大学出版会，2012 年。

毛里和子『現代中国政治：グローバル・パワーの肖像』名古屋大学出版会，2012 年。

毛里和子『日中関係：戦後から新時代へ』岩波書店，2006 年。

毛里和子『現代中国政治』名古屋大学出版会，2004 年。

毛里和子編『市場経済化の中の中国』日本国際問題研究所，1995 年。

山岸健太郎「国連人権委員会における中国の人権問題論議の特徴」『愛知大学国際問題研究所紀要』135 号，2010 年。

山岸健太郎「国連における中国の人権問題」『愛知大学国際問題研究所紀要』134 号，2009 年。

山田高敬・大矢根聡編『グローバル社会の国際関係論』有斐閣，2006 年，2011 年。

山本吉宣・納家政嗣・井上寿一・神谷万丈・金子将史『日本の大戦略：歴史的パワーシフトをどう乗り切るか』PHP 研究所，2012 年。

山本吉宣『国際レジームとガバナンス』有斐閣，2008 年。

山本吉宣『「帝国」の国際政治学：冷戦後の国際システムとアメリカ』東信堂，2006 年。

山本吉宣『国際的相互依存』東京大学出版会，1989 年。

山本吉宣「中国の台頭と国際秩序の観点からみた『一帯一路』」『PHP Policy Review』Vol. 9, No. 70, PHP 総研，2015 年 8 月。

兪敏浩『国際社会における日中関係：1978〜2001 年の中国外交と日本』勁草書房，2015 年。

訳本

ジョン・アイケンベリー著，細谷雄一監訳『リベラルな秩序か帝国か：アメリカと世界政治の行方（上・下）』勁草書房，2012 年。

ジョン・アイケンベリー著，鈴木康雄訳『アフター・ヴィクトリー：戦後構築の論理と行動』NTT 出版，2004 年。

ロバート・O・コヘイン，ジョセフ・S・ナイ著，滝田賢治監訳『パワーと相互依存』ミネルヴァ書房，2012 年。

デイビッド・シャンボー著，加藤祐子訳『中国グローバル化の深層：「未完の大国」が世界を変える』朝日新聞出版，2015 年。

アーロン・L・フリードバーグ著，佐橋亮監訳『支配への競争：米中対立の構図とアジアの将来』日本評論社，2013 年。

リンダ・ヤーコブソン，ディーン・ノックス著，岡部達味監修，辻康吾訳『中国の新しい対外政策：誰がどのように決定しているのか』岩波書店，2011年。

新聞・学会誌・白書・ハンドブック・事典
『朝日新聞』
『時事通信』
『人民網日本版』
『日本経済新聞』
『読売新聞』
『外交』（外務省）
『現代中国』（日本現代中国学会）
『国際政治』（日本国際政治学会）
『国際問題』（日本国際問題研究所）
『東亜』（霞山会）
『外交青書』（外務省）
『防衛白書』（防衛省）
21世紀中国総研『中国情報ハンドブック』蒼蒼社。
中国研究所『中国年鑑』大修館書店。
猪口孝・岡沢憲芙ほか編『政治学事典』弘文堂，2000年。

ホームページ
ILO駐日事務所ホームページ
外務省ホームページ
経済産業省ホームページ
ヒューマン・ライツ・ウォッチ

【中国語】
著書・論文
戴秉国『戦略対話：戴秉国回憶録』人民出版社：世界知識出版社，2016年。
郭日君「人権理事会普遍定期審議機制視野下的中国人権外交」『金陵法律評論』
　　2013春季巻。
黄仁偉「冷戦後連合国維和機制改革的影響及其与国家主権的冲突」『上海社会科
　　学院学術季刊』第4期，1995年。
胡加祥「中国入世十年争端解決実証分析」『上海交通大学学報』第5期，2011年。

胡文濤・陳晗堯「我国推出『海洋強国』戦略的動因与意義：広東面臨的新挑戦和新機遇」『戦略決策研究』, 2013 年第 6 号。

姜恒昆・羅建波「達尓富尓問題的政治解決進程及对中国外交的啓示」『西亜非洲』第 3 期, 2008 年。

金立群・林毅夫『一帯一路引領中国』中国文史出版社, 2015 年。

李宝俊・徐正源「冷戦後中国負責任大国身分的建構」『数学与研究』第 1 期, 2006 年。

李少軍「論中国双重身份的困境与応对」『世界政治与経済』第 4 期, 2012 年。

李双建・羊志洪「広東省海洋経済発展的戦略思考」『中国漁業経済』第 6 期, 2012 年。

厲以寧著, 智石経済研究院編『読懂一帯一路』中信出版社, 2015 年。

李志永・袁正清「大国外交的中国特色之論」『太平洋学報』Vol. 23, No. 2, 2015 年 2 月。

李珠江・銭宏林「建設海洋経済強省」『中国水産』第 7 期, 2001 年。

龍永図「中国入世的核心利益及発展中存在的問題」『国際経済評論』第 5 期, 2011 年。

毛瑞鵬「主権原則与中国在連合国維和議案中的投票行為」『世界政治与経済』第 4 期, 2006 年。

門洪華『構建中国大戦略的框架：国家実力, 戦略概念与国際制度』北京大学出版社, 2005 年。

龐中英編『中国学者看世界　国際治理編』和平圖書, 2006 年。

龐中英編『全球化, 反全球化与中国：理解全球化的複雑性与多様性』上海人民出版社, 2002 年。

秦華孫『出使聯合国』新華出版社, 2010 年。

秦亜青『大国関係与中国外交』世界知識出版社, 2011 年。

秦亜青編『中国学者看世界　国際秩序巻』和平圖書, 2006 年。

秦亜青『権利・制度・文化』北京大学出版社, 2005 年。

曲星主編『国際形勢新変化与中国外交新局面』世界知識出版社, 2014 年。

曲星主編『中国当代外交史（1949-2009）』中国青年出版社, 2009 年。

時殷弘『全球性挑战与中国：多事之秋与中国的戦略需要』湖南人民出版社, 2010 年。

孫振宇「中国入世十年得失盤点」『国際経済評論』第 5 期, 2011 年。

唐永勝「中国与連合国維和行動」『世界経済与政治』第 9 期, 2002 年。

田豊「中国与世界貿易組織争端解決機制：評估和展望」『世界経済与政治』第 1 期, 2012 年。

田野・林青「国際労工標準与中国労働治理」『世界経済与政治』第 5 期，2009 年。

王凡『呉建民伝』世界知識出版社，2008 年。

王緝思『大国戦略：国際戦略探究与思考』中信出版集団，2016 年。

王緝思「『西進』，中国地縁戦略的再平衡」『環球時報』2012 年 10 月 17 日。

王新建「渉外軍事法律保障問題初歩研究」『西安政治学院学報』第 23 巻第 1 期，2010 年。

王逸舟『創造性介入』北京大学出版社，2011 年。

王逸舟主編『磨合中的建構：中国与国際組織関係的多視覚透視』中国発展出版社，2003 年。

王逸舟『全球政治和中国外交』世界知識出版社，2003 年。

呉建民『如何做大国：世界秩序与中国角色』中信出版集団，2016 年。

呉迎新・陳平・李静・揚海生「広東建設海洋経済強省的優勢，問題和対策」『港澳経済』第 7 期 7 号，2014 年。

向暁梅「加快制定『深藍科技計劃』創新引領海洋強省建設」『広東経済』第 11 期，2013 年。

謝益顕主編『中国当代外交史（1949-2009） 第 3 版』中国青年出版社，2009 年。

閻学通『世界権力的轉移：政治領導与戦略競争』北京大学出版社，2015 年。

閻学通『歴史的慣性：未来十年的中国与世界』中信出版社，2013 年。

閻学通・孫学峰等『中国崛起及其戦略』北京大学出版社，2005 年。

閻学通『中国国家利益分析』天津人民出版社，1996 年。

楊帆『利益集団』鄭州大学出版社，2010 年。

楊帆「中国利益集団分析」『探索』第 2 期，2010 年。

楊継縄『中国当代社会階層分析』江西高校出版社，2011 年。

葉自成『中国大戦略』中国社会科学出版社，2003 年。

葉自成「関于韜光養晦和有所作為：再読中国的大国心態」『太平洋学報』第 1 期，2002 年。

葉自成「北約新戦略対国際政治格局的影響」『中国特色社会主義研究』第 3 期，1999 年。

兪可平『敬畏民意：中国的民主治理与政治改革』中央編訳出版社，2012 年。

兪可平『全球化与国家主権』社会科学文献出版社，2004 年。

張慧玉「中国参与連合国維和述評」『現代国際関係』第 2 期，2009 年。

趙磊編『一帯一路年度報告：従願景到行動 2016』商務印書館，2016 年。

趙磊「中国的国際和平参与戦略」『国際関係学院学報』第 3 期，2010 年。

趙磊『建構和平中国対連合国外交行為的演進』九州出版社，2007 年。

趙暁春「浅析有関『韜光養晦』戦略的論争」『国際関係学院学報』第 5 期，2006

年。

新聞・雑誌
『財経』
『環球時報』
『解放日報』
『求是』
『人民日報』
『商務週刊』
『世界知識』
『新経済』
『炎黄春秋』

学術誌
『当代亜太』（中国社会科学院亜太与全球戦略研究院）
『国際観察』（上海外国語大学）
『国際問題研究』（中国国際問題研究所）
『世界経済与政治』（中国社会科学院世界経済与政治研究所）
『太平洋学報』（中国大平洋学会）
『外交評論』（外交学院）
『現代国際関係』（中国現代国際関係研究所）

年報等
張幼文・黄仁偉等編『中国国際地位報告』人民出版社。
中国人民共和国外交部政策規劃司『中国外交』世界知識出版社。

白書・綱要等
国家発展改革委員会，外交部，商務部『推動共建絲綢之路経済帯和 21 世紀海上
　　絲綢之路的愿景与行動』2015 年 3 月 28 日。
国務院新聞弁公室『国家人権行動計画（2012-2015)』2012 年 6 月 11 日。
国務院新聞弁公室『中国的国防』。
国務院新聞弁公室『2009 年中国人権事業的進展』2010 年 9 月 26 日。
国務院新聞弁公室『国家人権行動計画（2009-2010)』2009 年 4 月 13 日。
国務院新聞弁公室『中国的和平発展道路』2005 年 12 月 22 日。
国務院新聞弁公室『2004 年中国人権事業的進展』2005 年 4 月 13 日。

国務院新聞弁公室『2003 年中国人権事業的進展』2004 年 3 月 30 日。

国務院新聞弁公室『中国的人権状況』1991 年 11 月。

労働和社会保障部，国家発展和改革委員会『労働和社会保障事業発展 十一五規綱要 2006-2010 年』2006 年 11 月 8 日。

全国人民代表大会「中国人民共和国国民経済和社会発展第十二个五年規劃綱要」2011 年 3 月 16 日。

全国人民代表大会「中国人民共和国国民経済和社会発展第十一个五年規劃綱源」2006 年 3 月 14 日。

中華人民共和国「国民経済発展和社会発展第十二個五年規画綱要」2011 年 3 月 16 日。

中華人民共和国「国民経済発展和社会発展第十一個五年規画綱要」2006 年 3 月 14 日。

ホームページ

人民網

維権網

新華網

新浪網

中国人民銀行

中国商務部

中国外交部

中国政府網

中国知網（データベース）

【英語】
著書・論文

Barnett, Michael N. and Martha Finnemore, "The Politics, Power, and Pathologies of International Organizations", *International Organization*, Vol. 53, No. 4, 1999.

Bath, Vivienne, "The WTO and China's Transparency Requirements", in Chunlai Chen ed., *China's Integration with the Global Economy: WTO accession, foreign direct investment and international trade*, Edward Elgar, 2009.

Bergsten, C. Fred, "China and the Collapse of Doha", *Foreign Affairs*, August 27, 2008.

主要参考文献　　　177

Bown, Chad P., "China's WTO Entry: antidumping, safeguards, and dispute settlement", in Robert C. Feenstra and Shang-Jin Wei eds., *China's Growing Role in World Trade*, University of Chicago Press, 2007.

Brødsgaard, Kjeld Erik, "Politics and Business Group Formation in China: The Party in Control?", *The China Quarterly*, Vol. 211, 2012.

Chan, Gerald, Pak K. Lee and Lai-Ha Chan, *China Engages Global Governance: a new world order in the making?*, Routledge, 2012.

Chan, Gerald, *China's Compliance in Global Affairs: trade, arms control, environmental protection, human rights*, World Scientific, 2006.

Chan, Lai-Ha, *China Engages Global Health Governance: Responsible Stakeholder or System-Transformer?*, Palgrave Macmillan, 2010.

Chayes, Abram and Antonia Handler Chayes, *The New Sovereignty: Compliance with International Regulatory Agreements*, Harvard University Press, 1995.

Chayes, Abram and Antonia Handler Chayes, "On Compliance", *International Organization*, Vol. 47, No. 2, 1993.

Checkel, Jeffrey T., "Why Comply? Social Learning and European Identity Change", *International Organization*, Vol. 55, No. 3, 2001.

Chen, Jing, "Explaining the Change in China's Attitude toward UN Peacekeeping: a norm change perspective", *Journal of Contemporary China*, Vol. 18, No. 58, 2009.

Chi, Manjiao, "China's Participation in WTO Dispute Settlement Over the Past Decade: experiences and impacts", *Journal of International Economic Law*, Vol. 15, No. 1, 2012.

Christensen, Thomas J., *The China Challenge: shaping the choices of a rising power*, W. W. Norton & Co., 2015.

Contessi, Nicola P., "Multilateralism, Intervention and Norm Contestation: China's Stance on Darfur in the UN Security Council", *Security Dialogue*, No. 41, 2010.

Feenstra, Robert C. and Shang-Jin Wei eds., *China's Growing Role in World Trade*, Chicago: University of Chicago Press, 2007.

Foot, Rosemary ed., *China Across the Divide: the domestic and global in politics and society*, Oxford University Press, 2013.

Foot, Rosemary, *Rights Beyond Borders: the global community and the struggle over human rights in China*, Oxford University Press, 2000.

Fravel, M. Taylor, "Power Shifts and Escalation: Explaining China's Use of Force in Territorial Disputes", *International Security*, Vol. 32, No. 3, 2007.

Fravel, M. Taylor, "China's Attitude toward U. N. Peacekeeping Operations since 1989", *Asian Survey*, Vol. 36, No. 11, 1996.

Friedberg, Aaron L., *A Contest for Supremacy: China, America, and the struggle for mastery in Asia*, W. W. Norton & Co., 2011.

Friedberg, Aaron L., "Ripe for Rivalry: Prospects for Peace in a Multipolar Asia", *International Security*, Vol. 18, No. 3. Winter, 1993–1994.

Gao, Henry, "From the Periphery to the Center: China's participation in WTO negotiations", *China Perspectives*, Issue 1, 2012.

Gao, Henry, "Elephant in the Room: Challenges of Integrating China into the WTO System", *Asian Journal of WTO & International Health Law and Policy*, Vol. 6, No. 1, 2011.

Gill, Bates and Chin-hao Huang, "China's Expanding Role in Peacekeeping: prospects and policy implications", *SIPRI Policy Paper*, No. 25, 2009 November.

Gill, Bates and James Reilly, "Sovereignty, Intervention and Peacekeeping: the view from Beijing", *Survival*, Vol. 42, No. 3, 2000.

Harding, Harry, "Has U. S. China Policy Failed?", *The Washington Quarterly*, Vol. 38, No. 3, 2015.

He, Yin, "China's Changing Policy on UN Peacekeeping Operation", *Asia Paper*, Sweden: Institute for Security and Development Policy, July 2007.

Ikenberry, John, *Liberal Leviathan: the origins, crisis, and transformation of the American world order*, Princeton University Press, 2011.

International Crisis Group, "China's Growing Role in UN Peacekeeping", *Asia Report*, No. 166, 2009.

Jacobson, Harold K. and Michel Oksenberg, *China's Participation in the IMF, the World Bank, and GATT: toward a global economic order*, University of Michigan Press, 1990.

Jakobson, Linda and Dean Knox, "New Foreign Policy Actors in China", *SIPRI Policy Paper*, Vol. 26, 2010 September.

Ji, Wenhua and Huang Cui, "China's Experience in Dealing with WTO Dispute Settlement: a Chinese perspective", *Journal of World Trade*, Vol. 45, No. 1, 2011.

Jiang, Na, *China and International Human Rights: harsh punishments in the context of the international covenant on civil and political rights*, Springer Berlin Heidelberg, 2016.

Johnston, Alastair I., *Social States: China in international institutions 1980-2000*, Princeton University Press, 2008.

Johnston, Alastair I. and Robert S. Ross eds., *New Directions in the Study of China's Foreign Policy*, Stanford University Press, 2006.

Johnston, Alastair I., "Is China a Status Quo Power", *International Security*, Vol. 27, No. 4, 2003.

Johnston, Alastair I. and Robert S. Ross eds., *Engaging China: the management of an emerging power*, Routledge, 1999.

Keohane, Robert O., *After Hegemony: cooperation and discord in the world political economy*, Princeton University Press, 1984.

Kent, A. E., *Beyond Compliance: China, international organizations, and global security*, Stanford University Press, 2007.

Kent, A. E., *China, the United Nations, and Human Rights: the limits of compliance*, University of Pennsylvania Press, 1999.

Kim, Samuel S., "China and the United Nations" in Michel Oksenberg and Elizabeth Economy eds., *China Joins the World: progress and prospects*, Council on Foreign Relations Press, 1999.

Kim, Samuel S., "China's international Organizational Behavior", in Thomas W. Robinson and David Shambaugh eds., *Chinese Foreign Policy: theory and practice*, Oxford University Press, 1994.

Kim, Samuel S., *China, the United Nations, and World Order*, Princeton University Press, 1979.

Koh, Hongju, "Why Do Nations Obey International Law?", *The Yale Law Journal*, Vol. 106, No. 8, 1997.

Krasner, Stephen D., *International Regimes*, Cornell University Press, 1983.

Kupchan, Charles A., et al., *Power in Transition: the peaceful change of international order*, United Nations University Press, 2001.

Lampton, David M., *The Three Faces of Chinese Power: might, money, and minds*, University of California Press, 2008.

Lampton, David M., *The Making of Chinese Foreign and Security Policy in the Era of Reform 1978-2000*, Stanford University Press, 2001.

Lanteigne, Marc and Miwa Hirono eds., *China's Evolving Approach to Peacekeeping*, Routledge, 2013.

Lanteigne, Marc, *China and International Institutions: alternate paths to global power*, Routledge, 2005.

Lardy, Nicholas R., *Integrating China into the Global Economy*, Brookings Institution Press, 2002.

Li, Mingjiang ed., *China Joins Global Governance: cooperation and contentions*, Lexington Books, 2012.

Li, Xiaojun, "Understanding China's Behavioral Change in the WTO Dispute Settlement System", *Asian Survey*, Vol. 52, No. 6, 2012.

Lin, Chris X., "A Qquiet Revolution: an overview of China's judicial reform", *Asian-Pacific Law & Policy Journal*, Vol. 4, No. 2, 2003.

Mearsheimer, John J., *The Tragedy of Great Power Politics*, Norton, 2001.

Nathan, Andrew J. and Robert S. Ross, *The Great Wall and the Empty Fortress: China's search for security*, W. W. Norton, 1997.

Nye, Joseph S., Jr., *Soft Power: The means to success in world politics*, Public Affairs, 2004.

Oksenberg, Michel and Elizabeth Economy eds., *China Joins the World: progress and prospects*, Council on Foreign Relations Press, 1999.

Pang, Zhongying, "China's Attitude to UN Peacekeeping", *International Peacekeeping*, Vol. 12 No. 1, 2005.

Pearson, Margaret M., "China in Geneva: lessons from China's early years in the World Trade Organization", in Alistair Iain Johnston and Robert Ross eds., *New Directions in the Study of China's Foreign Policy*, Stanford University Press, 2006.

Pearson, Margaret M., "The Major Multilateral Economic Institutions Engage China", in Alistair Iain Johnston and Robert Ross eds., *Engaging China: the management of an emerging power*, Routledge, 1999.

Qin, Julia Ya, "Trade, Investment and Beyond: the impact of WTO accession on the Chinese legal system", *The China Quarterly*, Vol. 191, 2007.

Richardson, Joseph Hall, "A Responsible Power? China and the UN peacekeeping regime", *International Peacekeeping*, Vol. 18, No. 3, 2011.

Ross, Robert S. ed., *China in the Era of Xi Jinping: Domestic and Foreign Policy Challenges*, Georgetown University Press, 2016.

Ross, Robert S., "Chinese Nationalism and Its Discontents", *The National Interest*, No. 116, November/December 2011.

Ross, Robert S. and Zhu Feng eds., *China's Ascent: power, security, and the future of international politics*, Cornell University Press, 2008.

Saunders, Phillip C. and Andrew Scobell eds., *PLA Influence on China's National Security Policymaking*, Stanford Security Studies, 2015.

Sceats, Sonya with Shaun Breslin, *China and the International Human Rights System*, Chatham House (The Royal Institute of International Affairs), 2012.

Shambaugh, David L., *China Goes Global: the partial power*, Oxford University Press, 2013.

Shambaugh, DavidL., "China Engages Asia: Reshaping the Regional Order", *International Security*, Vol. 29, No. 3, 2004.

Stähle, Stefan, "China's Shifting Attitude towards United Nations Peacekeeping Operations", *The China Quarterly*, Vol. 195, 2008.

Taliaferro, Jeffrey W., "Security seeking under anarchy: defensive realism revisited", *International Security*, Vol. 25, No. 3, 2001.

Tang, Shiping, "Social Evolution of International Politics", *European Journal of International Relations*, Vol. 16, No. 1, 2010.

Wan, Ming, *Human Rights in Chinese Foreign Relations: defining and defending national interests*, University of Pennsylvania Press, 2001.

Wang, Jisi and Kenneth G. Lieberthal, *Addressing U.S.-China Strategic Distrust*, The John L. Thornton China Center at Brookings, March 30, 2012.

Yu, Peter Kien-hong, *International Governance and Regimes: A Chinese Perspective*, Routledge, 2015.

Yu, Peter Kien-hong, Emily W. Chow, Shawn S. F. Kao, W. Emily Chow, and Chiang Chun-chi eds., *International Governance, Regimes, and Globalization: Case Studies from Beijing and Taipei*, Lexington Books, 2010.

Zhang, Xiaowen and Xiaoling Li, "The politics of compliance with adverse WTO dispute settlement rulings in China", *Journal of Contemporary China*, Vol. 23, No. 85, 2014.

Homepage

International Labor Organization

Office of the United States Trade Representative

Stockholm International Peace Research Institute

United Nations Human Rights Council

United Nations Human Rights, Office of the high commissioner

United Nations Security Council
United Nations Peacekeeping
U. S. Department of State
U. S. Department of Defense
World Trade Organization

あとがき

　大国となりつつある中国の外交は，どのように変わったか，そしてそれはなぜか。「中国の大国外交」を研究したいと考えたのは，北京留学時であった。私が北京に留学した2004年秋から2008年冬は，中国がWTO加盟を期に，国際ルールのもとで急速な経済成長を続け，まさに「大国」への階段を一気に駆け上っていた時期であった。政治を語ることが好きな北京の人たちは豊かになり，大国としての自覚を持ち始めていた。特に2008年の北京五輪開催前は，世界の注目が集まって北京の街は高揚感に溢れていた。

　私は北京大学国際関係学院で学んでいたが，胡錦濤国家主席が大学を訪れて留学生を激励したり，ロシア，韓国の大統領が講演を行ったりと，政治，外交を身近に感じることができた。中国の外交戦略は誰がどのように決めているのか，今後どのような外交を繰り広げるのかをもっと知りたいという気持ちが強くなり，今後も研究していくことを決めた。

　本書は博士論文『中国の大国外交への道のり——大国化と多元化からの国際機関外交の考察——』に，加筆修正を行ったものである。本書の完成にあたり，指導をして下さった先生方にお礼を述べたい。

　毛里和子先生には，お礼の言葉を何度言っても言い尽くせない。毛里先生に初めてお会いしたのは，北京大学で毛里先生の講演を聴講した時だった。華奢な先生が中国人研究者に囲まれ，中国語で発表し，質問に次々と明快に答えていく姿は，大変格好よく印象的だった。著書を読むうちに，明快な問いとわかりやすい論理に感銘し，博士課程で毛里ゼミの門を叩いた。毛里先生は私が博士課程に入学した1年後に退職されたが，その後も毎月自主的にゼミを開催して指導をして下さった。研究指導の熱意，自身の研究への真摯な姿勢を身近に

感じることができたのは大変幸せだった。毛里先生から頂いた言葉の一つに「もっと面白く研究を」というものがある。今後知恵を絞って，私なりの視点で研究テーマを見つけて追求していきたい。

唐亮先生は，博士課程1年次から8年間にわたって熱心に指導をして頂いた。唐先生の「指標と論拠の提示」との指摘に，たくさん考え成長することができたと思う。何度も議論し，本心でぶつかることを許してくれた唐先生に感謝の気持ちで一杯である。田中孝彦先生は地域研究にとどまらない，より大きな視点から指導して下さり，私の研究者としての視野が広がった。山本吉宣先生は，2015年秋から副査として審査に加わって頂いた。山本先生の著書『国際レジームとガバナンス』は，私が国際機関外交を論文のテーマと決めたときにまず手にした書である。相互依存論の大家である山本先生のご指摘は，的を射ていてわかりやすく，論文に関する英語論文や著作も数多く紹介して下さった。山本先生の読書量に驚かされるとともに，研究に取り組む姿勢も学ばせて頂いた。

2015年2月からは，天児慧先生が所長を，青山瑠妙先生が副所長を務める早稲田大学現代中国研究所に研究助手として奉職している。敬愛する先生方のもとで勤務することができたのは大変幸運であった。

本書が出版できたのは，天児先生のご尽力のおかげである。天児先生に初めてお会いしたのは北京留学時であったが，その後も折に触れて暖かい励ましの言葉を頂いた。研究助手となってからは，研究，学生指導，大型プロジェクトの運営と，天児先生の「リーダーシップ」を間近で見て，学ばせて頂いている。改めて天児先生に感謝を申し上げたい。

励まし合い，助言をくれ，心の支えとなった早稲田大学政治学研究科の友人たちにもお礼を述べたい。工藤文さんは論文の仮説の立て方や論理構成を親身に，何度も一緒に考えてくれた。坂口可奈さんは弱気になりがちな私に，精神的な「喝」を入れてくれた。唐琳さん，于海春さんは論文だけでなくさまざまなサポートをしてくれた。同期入学の坂部有佳子さんは研究者として常に私の一歩も二歩も前を歩いており良い刺激をもらっている。また，宮坂綾さんとともにママ研究者として悩みや喜びを共有することで，私自身随分救われた。岸

見太一さん，中井遼さん，尾崎敦司さん，朱敏明さんも論文執筆にあたり，これまでに何度も助言をくれた。

　現代中国研究所の鄭成さん，張望さん，張碧惠さん，岩崎千賀子さんと，一緒に仕事をすることができ大変幸運であった。早稲田大学地域・地域間研究機構の宍戸由紀さんは，研究と業務を並行させる上で，たくさんサポートして下さった。野口真広さんには科研費の申請にあたり何度も丁寧なコメントを頂いた。そして，編集を担当して下さった勁草書房の宮本詳三氏は，限られた時間で迅速に丁寧にご対応下さった。感謝を申し上げたい。

　本書の出版はNIHU現代中国地域研究連携プログラムの支援を頂いた。また論文執筆にあたっては，小林節太郎基金（2012年度），財団せせらぎ（2015年度）の研究助成を受けて現地調査を行った。北京留学時は中国政府奨学金の支援を受けた。あわせて感謝の意を表したい。

　最後に応援し続けてくれる家族に感謝したい。改めて，今，周りの人たちに恵まれて研究を続けることができていると実感している。今後，研究で活躍していくことでこれまでの恩を返していきたい。

　　　　　2017年大寒　陽のあたる早稲田の研究室にて

　　　　　　　　　　　　　　　　　　　　　　　　吉川純恵

初出一覧

　本書の一部には，これまでに個別の論文として発表した文章が含まれている。本書執筆の過程で，そのほとんどに大幅な加筆修正を加えた。このため，本書で提示した内容が筆者の最新の研究成果であることをご理解頂ければ幸いである。

第2章：「中国の国連PKOへの積極的関与──政策転換の要因の探求」『中国研究月報』第69巻第4号，2015年4月，1-20頁。

第3章：「中国とWTO──加盟10年を経たWTOルールの遵守状況とWTOへのアプローチの分析」，『現代中国』第87号，2013年9月，59-71頁，"China's shifting attitude toward the World Trade Organization（WTO）", *International Journal of Political Science, Law and International Relations（UPSLIR）*, Vol. 5, Issue 1, Feb 2015, pp. 1-10.

第4章第4節：「中国とグローバリゼイション──労働をめぐる国際基準と国内制度の衝突」，『早稲田政治公法研究』第93号，2010年3月，59-68頁。

第5章："China's Maritime Silk Road Initiative and Local Government", *The Journal of Contemporary China Studies*, Vol. 5, No. 2, September 2016, pp. 79-89.

人名索引

ア 行

アイケンベリー，G・ジョン（G. John Ikenberry） 15
青山瑠妙 20, 47, 48
浅野亮 18
伊藤亜聖 134
于建栄 116
エコノミー，エリザベス（Elizabeth Economy） 8
閻学通 33, 38
袁明 37
王逸舟 12, 13, 38, 78
王学賢 58
王毅 35, 36
王光亜 70
王緝思 34, 38
汪洋 137
王滬寧 137
オクセンバーグ，マイケル（Michel Oksenberg） 8

カ 行

郭雪艶 102
郭日君 120
加藤弘之 134, 136
川島富士雄 83
キム，サミュエル・S.（Samuel S. Kim） 8, 26
許善達 141
金燦栄 47
金立群 138
ケネディ，ポール（Paul Kennedy） 32
ケント，アン（Ann Kent） 7, 12, 110
向暁梅 147
江沢民 37, 42, 44, 48, 86

康日新 46
胡錦濤 25, 34, 35, 37, 39, 44, 48, 74, 143, 146, 154, 158
呉迎新 147
呉建民 37

サ 行

沙祖康（Sha Zukang） 43
清水美和 48
シャンボー，デイビット（David Shambaugh） 32, 34
周恩来 40
周永康 21, 69
習近平 35, 36, 131, 135-138, 158-161, 163
朱民 43
蒋潔敏 46
ジョンストン，アラステア（Alastair Iain Johnston） 9-11
銭其琛 57
銭文榮 59
孫振宇 85

タ 行

戴秉国 39, 158
チャン，ジェラルド（Gerald Chan） 7, 17
チャン，ライハ（Lai-ha Chan） 16
張慶偉 46, 47
張慧玉 77
趙京民 66
張月姣 102
張高麗 21, 137
張涛 43
趙紫陽 44
趙磊 78

沈国放　59
陳馮富珍（Margaret Chan）　43
唐永勝　76
鄧小平　17, 38, 41, 44, 51, 74, 86, 152, 153, 160

ナ 行
ナイ，ジョセフ・S.（Joseph S. Nye Jr.）　34
ノックス，ディーン（Dean Knox）　19

ハ 行
ハーディング，ハリー（Harry Harding）
　164
ピアソン，マーガレット（Margaret M. Pea-
　son）　9
フット，ローズマリー（Rosemary Foot）
　109
フリードバーグ，アーロン・L.（Aaron L.
　Friedberg）　14
ブル，ヘドリー（Hedley Bull）　31
浦志強　116

マ 行
松田康博　52
ミアシャイマー，ジョン・J.（John J. Mear-
　sheimer）　15, 31

毛沢東　8, 10, 17, 40, 44, 54, 86, 152, 160
毛里和子　49, 113, 162, 163
門洪華　13

ヤ 行
ヤコブソン，リンダ（Linda Jakobson）　19
葉自成　14, 37, 59

ラ 行
ランティーグ，マーク（Marc Lanteigne）　7
ランプトン，デイビッド（David M. Lampton）
　18, 32
リー，ミンジャン（Mingjiang Li）　17
李毅中　46
李克強　136
李肇星　56
劉賜貴　39, 143, 147
劉超　64
梁隠根　46
梁于藩　54
林毅夫　43
楼継偉　47
龐中英　77
ロス，ロバート（Robert S. Ross）　9, 15

事項索引

ア 行

アジアインフラ投資銀行（AIIB） 22, 24, 29, 133, 137-139, 148, 149, 156, 157, 159, 163
アジア開発銀行（ADB） 139, 140
アジア周辺外交 45
ASEAN 地域フォーラム（ARF） 11
新しい安全保障観 73
「一帯一路」構想 29, 133-138, 145, 148, 149, 159, 161
一帯一路戦略小組 137
一辺倒 40
海のシルクロード 133, 135, 136, 142, 148, 149, 161
FTA → 自由貿易協定

カ 行

外圧 25, 85, 110, 111, 114, 130, 158
改革開放 5, 17, 25, 41, 44, 51, 54, 86, 109, 126, 134, 145, 149, 151, 152, 159, 160
外交部 18, 57, 73, 75, 77, 78, 117, 137
海洋強国 47, 143, 146
海洋経済強省 146
海洋経済政策 24, 29, 151
海洋権益 5, 29, 40, 143, 149, 159, 161
海洋進出 5, 22, 142, 165
海洋政策 15, 29, 50, 134, 135, 142-144, 160
核心的利益 39, 40, 158-160
環太平洋戦略的経済連携協定（TPP） 137
関与 6, 8-10, 14, 16, 17, 38, 51-53, 57, 58, 60, 71, 73, 80, 83, 88, 93, 102, 108, 120, 125, 130, 153, 156, 164
既得権益 20
規範 5, 7, 11, 22-24, 32, 52, 83, 102, 109, 110, 129, 130, 142, 153, 155, 164

グローバル・ガバナンス 16, 17, 21
権威主義体制 50
権力移行論 14, 15
公安部 67-69, 76-78, 127, 143, 144
公共財 17, 163
工作領導小組 19
孔子学院 34
国益 38, 39, 52, 53, 77, 150, 159, 161
国際イメージ 13, 34, 75
国際システム 8, 10, 17, 42, 75, 164
国際秩序 3, 4, 9, 14-16, 21, 36, 40, 42, 43, 153
国際通貨基金（IMF） 12, 34, 140, 152, 156
国際レジーム 7, 109
国防部 66, 67, 77, 78
国務院 77, 124
国務院新聞弁公室 39, 113
国有企業 21, 44-47, 49, 90, 92, 98, 106, 107, 157, 160
国有資産管理委員会（SASAC） 45, 106
国有独占企業 20, 40, 45, 47
国連 PKO 三原則 54, 152
コソボ紛争 58, 60, 71, 73
国家海洋局 39, 143, 144, 147
国家主権の尊重 51, 55, 80, 152
国家人権行動計画 113
国家発展改革委員会 137

サ 行

市場経済化 82, 110
市場主義 3
抓大放小（Jia da fang xiao） 45
社会化 6, 8, 10-12, 16, 22, 52, 83, 153, 165
上海協力機構 149, 154, 159
従属論 41

集団指導体制　17, 22, 44, 49, 160

自由貿易協定（FTA）　101, 102, 105, 136, 155, 156

主権　37, 39, 40, 42, 48, 52, 57, 59, 69, 72, 110, 112, 113, 159, 164

遵守　6, 7, 10, 12, 16, 22-24, 57, 73, 81-84, 88, 90-92, 94, 104, 109, 110, 114, 120, 151, 153, 154, 156, 158, 165

商務部　77, 78, 93, 135, 137

シルクロード基金　133, 138, 139, 141, 148, 159

シルクロード経済帯と21世紀海上シルクロードの共同構築を推進する行動と計画　137

新開発銀行　133, 138, 139, 141, 159

新興国　4, 81, 100, 140, 141, 155

新興大国　7, 43, 101, 105

新開発銀行（BRICS銀行）　133, 138, 159

新常態（ニューノーマル）　136

人民解放軍　18, 44, 48, 49, 56, 63, 66, 78, 80, 157, 160

ストックホルム国際平和研究所（SIPRI）　33

政策決定者　21, 38, 49, 70, 72, 79

政治局　18, 76, 137, 156

政治局常務委員会　18

制度化　3, 16

世界銀行　12, 34, 43, 102, 140, 156

世界金融危機　33, 37, 105, 107, 135, 141, 145, 146, 154

責任あるステークホルダー（利害共有者）　74, 164

責任ある大国　16, 32, 53, 73-76, 80

全国人民代表大会　48, 116, 125, 134, 136, 142, 143

走出去（Zou chu qu）　39, 133, 142

創造的介入　79

ソフトパワー　4, 5, 32, 34, 35

タ 行

対外政策決定　4, 5, 10, 17, 18-21, 48, 151, 160, 161

対外政策決定過程　5, 18, 21

対外政策決定者　5, 10

大国意識　36, 158

大国化　17, 22, 23, 25, 26

第三世界　40, 41

多元化　4, 9, 17, 18, 22, 23, 31, 44, 46, 50, 157, 158, 160, 161

多国籍企業　20

WTO紛争解決制度　83, 84, 92-94, 98, 104, 154

ダルフール　52, 60, 62

地方政府　18-21, 29, 44, 47, 48, 91, 98, 133-135, 144, 145, 148-150, 160, 161

中央外事工作会議　35, 158

中企　45, 106

中国海洋石油総公司（CNOOC）　106

中国石化集団公司（Sinopec）　106

中国石油天然気集団公司（CNPC）　106

『中国の国連改革問題の立場に関する文書』　73

『中国の人権状況』　113

中国の特色ある大国外交　35, 36, 158

中国の夢　36, 135

超大国　38, 162

帝国　54, 85, 162, 163

適応　6, 8, 12-14, 51, 96, 109, 110, 129

党外事指導小組　18

韜光養晦（とうこうようかい　taoguangyan-ghui）　36-39, 51, 74, 80, 153, 158

特別手続き　118

途上国　15, 81, 100

ナ 行

内政不干渉　40, 42, 51, 55, 57-60, 72, 80, 110, 117, 152

ハ 行

発言力　4, 81, 85, 102, 140, 156

発展途上国　16

不遵守　7, 24

武装警察隊　68, 69

普遍的・定期的審査　116, 118-120

『ブラヒミ・リポート』　60, 72
フリーライダー　9
ブレトン・ウッズ体制　102, 139, 141, 155
文民警察官　55, 62, 68
平和共存五原則　40, 42
平和的崛起（平和的発展）　74
包括的核実験禁止条約（CTBT）　10

マ　行
マーシャル・プラン　141
三つの世界論　40, 41
三つの代表　46

南シナ海　4, 22, 39, 40, 135, 136, 142, 147,
　158-160
民主主義　3, 116

ラ　行
リアリズム　4, 14, 15, 22
利益集団　20, 21, 44, 45, 47-50, 107, 134, 161,
　162
利益集団化　157, 160, 161
リバランス　137
リベラリズム　6, 15, 22
ロビイング　21

著者略歴

早稲田大学現代中国研究所研究助手。研究分野は国際関係学，地域研究，現代中国外交。慶應義塾大学法学部法律学科卒業（法学学士），北京大学国際関係学院卒業（法学修士），早稲田大学政治学研究科単位取得退学。外務省国際情報統括官組織専門分析員などを経て，2015年より現職。

主要業績：「中国の国連 PKO への積極的関与――政策転換の要因の探求」『中国研究月報』第69巻第4号，2015年4月。「中国と WTO――加盟10年を経た WTO ルールの遵守状況と WTO へのアプローチの分析」『現代中国』87号，2013年9月ほか。

現代中国地域研究叢書 18
中国の大国外交への道のり
国際機関への対応をめぐって

2017 年 3 月 10 日　第 1 版第 1 刷発行

著　者　吉川　純恵

発行者　井村　寿人

発行所　株式会社　勁草書房
112-0005 東京都文京区水道 2-1-1　振替 00150-2-175253
（編集）電話 03-3815-5277／FAX 03-3814-6968
（営業）電話 03-3814-6861／FAX 03-3814-6854

精興社・牧製本

©YOSHIKAWA Sumie　2017

Printed in Japan

JCOPY 〈(社)出版者著作権管理機構 委託出版物〉
本書の無断複写は著作権法上での例外を除き禁じられています。複写される場合は，そのつど事前に，(社)出版者著作権管理機構（電話 03-3513-6969，FAX 03-3513-6979，e-mail: info@jcopy.or.jp）の許諾を得てください。

＊落丁本・乱丁本はお取替いたします。
http://www.keisoshobo.co.jp

中国の大国外交への道のり
国際機関への対応をめぐって

2021年9月20日　オンデマンド版発行

著　者　吉川　純恵

発行者　井村　寿人

発行所　株式会社　勁草書房

112-0005 東京都文京区水道 2-1-1　振替 00150-2-175253
（編集）電話 03-3815-5277／FAX 03-3814-6968
（営業）電話 03-3814-6861／FAX 03-3814-6854
印刷・製本　（株）デジタルパブリッシングサービス http://www.d-pub.co.jp

Ⓒ YOSHIKAWA Sumie 2017　　　　　　　　　　　　　AL122

ISBN978-4-326-98485-5　Printed in Japan

JCOPY　〈出版者著作権管理機構 委託出版物〉
本書の無断複写は著作権法上での例外を除き禁じられています。
複写される場合は、そのつど事前に、出版者著作権管理機構
（電話 03-5244-5088, FAX 03-5244-5089, e-mail: info@jcopy.or.jp）
の許諾を得てください。

※落丁本・乱丁本はお取替いたします。
http://www.keisoshobo.co.jp